CADERNO DE COMPETÊNCIAS ENEM

MATEMÁTICA

ENSINO MÉDIO

ORGANIZADORA EDIÇÕES SM
Obra coletiva concebida, desenvolvida
e produzida por Edições SM.

São Paulo,
1ª edição 2015

***Ser Protagonista BOX* Matemática – Caderno de Competências ENEM**
© Edições SM Ltda.
Todos os direitos reservados

Direção editorial	Juliane Matsubara Barroso
Gerência editorial	Roberta Lombardi Martins
Gerência de processos editoriais	Marisa Iniesta Martin
Coordenação de área	Ana Paula Souza Nani
Colaboração	Regina Vaz
Coordenação de edição	Ana Paula Landi, Cláudia Carvalho Neves
Edição	Marcelo Augusto Barbosa Medeiros
Assistência administrativa editorial	Alzira Aparecida Bertholim Meana, Camila Cunha, Flavia Casellato, Silvana Siqueira
Preparação e revisão	Cláudia Rodrigues do Espírito Santo (Coord.), Ana Paula Ribeiro Migiyama, Angélica Lau P. Soares, Eliane Santoro, Fernanda Oliveira Souza, Izilda de Oliveira Pereira, Nancy Helena Dias, Rosinei Aparecida Rodrigues Araujo, Sandra Regina Fernandes, Valéria Cristina Borsanelli, Marco Aurélio Feltran (apoio de equipe)
Coordenação de *design*	Erika Tiemi Yamauchi Asato
Coordenação de Arte	Ulisses Pires
Projeto gráfico	Erika Tiemi Yamauchi Asato
Capa	Megalo Design
Edição de Arte	Felipe Repiso, Melissa Steiner Rocha Antunes
Editoração eletrônica	Setup Bureau
Iconografia	Josiane Laurentino (Coord.), Bianca Fanelli, Priscila Ferraz
Tratamento de imagem	Marcelo Casaro
Fabricação	Alexander Maeda
Impressão	Ricargraf

Dados Internacionais de Catalogação na Publicação (CIP)
(Câmara Brasileira do Livro, SP, Brasil)

Ser protagonista : matemática : competências ENEM :
ensino médio, volume único / obra coletiva
concebida, desenvolvida e produzida por Edições SM.
— 1. ed. — São Paulo : Edições SM, 2014. —
(Coleção ser protagonista)

Bibliografia.
ISBN 978-85-418-1053-1 (aluno)
ISBN 978-85-418-1054-8 (professor)

1. ENEM - Exame Nacional do Ensino Médio
2. Matemática (Ensino médio) I. Série.

14-00654   CDD-510.7

Índices para catálogo sistemático:
1. Matemática : Ensino médio 510.7

1ª edição, 2014
4ª impressão, 2019

 Edições SM Ltda.
Rua Tenente Lycurgo Lopes da Cruz, 55
Água Branca 05036-120 São Paulo SP Brasil
Tel. 11 2111-7400
edicoessm@grupo-sm.com
www.edicoessm.com.br

Apresentação

Este livro, complementar à coleção *Ser Protagonista*, contém aproximadamente cem questões elaboradas segundo o modelo das competências e habilidades, introduzido no universo educacional pioneiramente pelo Enem e depois adotado por muitos vestibulares do país. A maioria das questões é do próprio Enem; as demais foram elaboradas pela equipe editorial de Edições SM.

O volume proporciona prática mais do que suficiente para dar a você o domínio das estratégias de resolução adequadas. Além disso, ao evidenciar o binômio competência-habilidade explorado em cada questão, contribui para que você adquira mais consciência do processo de aprendizagem e, consequentemente, mais autonomia.

Antes de começar a resolver as questões, recomenda-se a leitura da seção *Para conhecer o Enem*, que fornece informações detalhadas sobre a história do Enem e apresenta a matriz de competências e habilidades de cada área do conhecimento.

Edições SM

CONHEÇA SEU LIVRO

O *Ser Protagonista* Competências Enem possibilita um trabalho sistemático e contínuo com as principais habilidades exigidas pelo Enem.

Apresenta questões selecionadas das provas do Enem e também questões inéditas, desenvolvidas com base na Matriz de Referência do Enem (identificadas pela sigla SM).

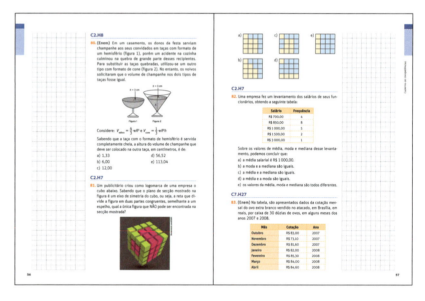

Todas as questões trazem a indicação da competência e da habilidade que está sendo trabalhada.

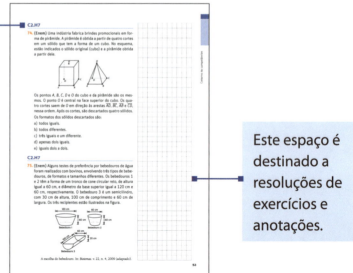

Este espaço é destinado a resoluções de exercícios e anotações.

SUMÁRIO

Para conhecer o Enem 6
- **Uma breve história do Enem** 6
    - O contexto, a análise e a reflexão interdisciplinar 8
    - Os eixos cognitivos 9
    - Competências e habilidades 10
    - As áreas de conhecimento 10
- *Ser Protagonista* Competências Enem 13
- **Atividades** 14

PARA CONHECER O ENEM

O Exame Nacional do Ensino Médio (Enem) tornou-se o exame mais importante realizado pelos alunos que concluem a formação básica. Sem dúvida, essa avaliação ganhou destaque nos últimos anos, na medida em que é, atualmente, a principal forma de ingresso no Ensino Superior público e, em grande medida, também no Ensino Superior privado.

Por conta disso, em 2014, a edição do Enem teve mais de 8,7 milhões de candidatos inscritos. O objetivo de quem faz o exame no contexto atual é, fundamentalmente, ingressar no Ensino Superior. As informações disponíveis neste material foram elaboradas no sentido de auxiliá-lo nessa tarefa.

Uma breve história do Enem

A primeira edição do Enem é de 1998. As características daquela avaliação eram diferentes da atual. Apesar de poucas mudanças pedagógicas, há muitas diferenças no que diz respeito à estrutura do exame.

Em 1998, a prova tinha 63 questões com uma proposta interdisciplinar e mais uma redação, realizada em apenas um dia. Muito diferente do formato atual, no qual as provas são divididas em quatro áreas do conhecimento – Ciências Humanas, Ciências da Natureza, Linguagens e Códigos e Matemática e suas respectivas tecnologias – e mais a redação. Além disso, com 180 questões, a prova ficou muito maior e mais abrangente, exigindo maior capacidade de organização e concentração dos candidatos em dois dias de aplicação.

É importante compreender os sentidos dessas mudanças e os seus significados. Em suma, é relevante esclarecer por que e como o Enem se tornou o exame mais importante do país.

Em meados da década de 1990, uma proposta de reforma no sistema educacional brasileiro foi finalmente posta em prática com a criação da Lei de Diretrizes e Bases da Educação Nacional (LDB, Lei n. 9 394/1996).

A nova lei apresentava uma proposta, inovadora à época, de organização da chamada educação básica, incluindo nela o Ensino Médio, como última etapa dessa formação. No artigo 35, a lei apresentava os objetivos gerais do Ensino Médio:

> O Ensino Médio, etapa final da educação básica, com duração mínima de três anos, terá como finalidades:
>
> I — a consolidação e o aprofundamento dos conhecimentos adquiridos no ensino fundamental, possibilitando o prosseguimento de estudos;
>
> II — a preparação básica para o trabalho e a cidadania do educando, para continuar aprendendo, de modo a ser capaz de se adaptar com flexibilidade a novas condições de ocupação ou aperfeiçoamento posteriores;
>
> III — o aprimoramento do educando como pessoa humana, incluindo a formação ética e o desenvolvimento da autonomia intelectual e do pensamento crítico;
>
> IV — a compreensão dos fundamentos científico-tecnológicos dos processos produtivos, relacionando a teoria com a prática, no ensino de cada disciplina.
>
> BRASIL. Presidência da República. Lei de Diretrizes e Bases da Educação (Lei n. 9 394, de 20 de dezembro de 1996). Brasília, DF, 1996. Disponível em: <http://www.planalto.gov.br/ccivil_03/leis/l9394.htm>. Acesso em: 20 maio 2015.

Assim, o Ensino Médio se tornava parte integrante da formação básica dos estudantes brasileiros e seu papel seria a continuação dos estudos, a preparação para o mundo do trabalho e da cidadania, o desenvolvimento dos valores humanos e éticos e a formação básica no que tangem aos aspectos científicos e tecnológicos.

Tentava-se, assim, aproximar a educação brasileira das questões contemporâneas, dotá-la de capacidade para enfrentar os dilemas do mundo rápido, tecnológico e globalizado que começava a se solidificar naquele momento.

Nesse caminho, pouco mais de dois anos depois, o Ministério da Educação apresentou ao país os Parâmetros Curriculares Nacionais para o Ensino Médio. A proposta de elaborar um currículo baseado em competências e habilidades, sustentados na organização de eixo cognitivos e em áreas de conhecimento, foi a estrutura básica dos Parâmetros e a característica fundamental do modelo pedagógico que se tentava implementar no país a partir de então.

A preocupação era, novamente, dotar os educandos de uma formação adequada para o novo mundo tecnológico, de mudanças rápidas que exigem adaptação quase instantânea a realidades que nem bem se cristalizam já estão sendo transformadas. Por isso, a ideia de organizar o currículo a partir de competências que garantam a atuação do indivíduo numa nova realidade social, econômica e política:

> A revolução tecnológica, por sua vez, cria novas formas de socialização, processos de produção e, até mesmo, novas definições de identidade individual e coletiva. Diante desse mundo globalizado, que apresenta múltiplos desafios para o homem, a educação surge como uma utopia necessária indispensável à humanidade na sua construção da paz, da liberdade e da justiça social. [...]
>
> Considerando-se tal contexto, buscou-se construir novas alternativas de organização curricular para o Ensino Médio comprometidas, de um lado, com o novo significado do trabalho no contexto da globalização e, de outro, com o sujeito ativo, a pessoa humana que se apropriará desses conhecimentos para se aprimorar, como tal, no mundo do trabalho e na prática social. Há, portanto, necessidade de se romper com modelos tradicionais, para se alcancem os objetivos propostos para o Ensino Médio.
>
> BRASIL. Ministério da Educação, Secretaria de Educação Média e Tecnológica. *Parâmetros curriculares nacionais*: Ensino Médio. Brasília: Ministério da Educação, 1999. p. 25.

Foi com base nesses documentos e na visão que eles carregam sobre o significado da educação da última etapa da formação básica, isto é, uma educação voltada para a cidadania no contexto de um país e um mundo em constante transformação, que o Enem foi pensado como um exame de avaliação do Ensino Médio brasileiro.

Em 1998, na sua primeira versão, o Enem pretendia dar subsídios para a avaliação do desempenho geral dos alunos ao final da educação básica, buscando aferir o nível de desenvolvimento das habilidades e das competências propostas na LDB e nos Parâmetros Curriculares Nacionais.

O exame tornava-se, assim, uma ferramenta de avaliação que os próprios estudantes poderiam utilizar para analisar sua formação geral e, conforme indicavam os documentos que sustentaram sua criação, como uma forma alternativa para processos de seleção para novas modalidades de ensino após a formação básica e mesmo para o mundo do trabalho.

Inscrições para o Sistema de Seleção Unificada – SiSU na Universidade Federal do Maranhão (UFMA) em 2012.

PARA CONHECER O ENEM

Ao longo dos anos, o número de inscritos foi crescendo, chegando à casa dos milhões desde 2001, e a prova passou a ser utilizada em vários processos seletivos de universidades públicas e privadas. Essa transformação tem um momento decisivo no ano de 2004, quando o governo federal criou o Programa Universidade para Todos (ProUni) – onde alunos de baixa renda, oriundos da escola pública ou bolsistas integrais de escolas privadas, podem cursar o Ensino Superior privado com bolsas de 100% ou 50%.

Nesse momento, quando várias escolas de nível superior privado aderiram ao ProUni, o Enem ganhou uma dimensão gigantesca, com mais de três milhões de inscritos em 2005.

Em 2009, com a criação do Sistema de Seleção Unificada (SiSU), no qual a maioria das vagas nas universidades federais é disputada pelos candidatos que realizaram o Enem numa plataforma virtual, o exame do Enem passou por uma profunda reformulação. Desde então, a avaliação se realiza em dois dias, no último fim de semana do mês de outubro, com 180 questões e uma redação.

A forma de pontuação também mudou. Inspirado no sistema estadunidense, o Ministério da Educação implementou a Teoria de Resposta ao Item (TRI), na qual cada questão passa por classificações de dificuldade e complexidade e a pontuação varia de acordo com essa classificação, as consideradas mais difíceis recebem uma pontuação maior que as consideradas mais fáceis. Além disso, é possível, segundo a TRI, verificar possíveis "chutes", caso o candidato acerte questões difíceis e erre as fáceis sobre assuntos parecidos. Assim, desde então, provas de anos diferentes podem ser comparadas e os resultados do Enem podem ser analisados globalmente.

Com a adesão de mais de 80% das universidades federais ao SiSU e com quase 200 mil bolsas oferecidas em universidades privadas pelo ProUni, o Enem se tornou o exame mais importante do país. Além de avaliar o desempenho dos alunos, ele passou a ser decisivo para o ingresso nas escolas de Ensino Superior em todo o país.

O contexto, a análise e a reflexão interdisciplinar

Desde sua primeira formulação, o Enem sempre se apoiou na proposta de ser uma prova interdisciplinar. Desde 2009, no entanto, o exame mantém a interdisciplinaridade, mas dentro das áreas de conhecimento. Assim, a interdisciplinaridade se realiza entre as disciplinas das quatro grandes áreas: Linguagens e Códigos, Matemática, Ciências Humanas e Ciências da Natureza.

Em geral, as questões exigem dos candidatos capacidade de análise e reflexão sobre contextos. Procura-se, portanto, estabelecer a relação entre o conhecimento adquirido e a realidade cotidiana que nos cerca, abordando as múltiplas facetas da vida social, desde aspectos culturais até os tecnológico e científico.

As capacidades de leitura e de interpretação, nas suas diversas modalidades – textos, documentos, gráficos, tabelas, charges, obras de arte, estruturas arquitetônicas, etc. –, são elementos centrais da proposta pedagógica do exame. O domínio dessas competências se aplica a toda a prova, na medida em que não há, no Enem, questões que exijam apenas memorização. Na verdade, elas exigem capacidade de análise crítica a partir da leitura e da interpretação de situações-problema apresentadas.

Portanto, em geral, o Enem apresenta diferenças de estilo e proposta pedagógica quando comparado aos vestibulares tradicionais. Entretanto, isso não quer dizer que a prova não exija uma boa formação no Ensino Médio. Ao contrário, esta é essencial para que o desempenho seja satisfatório, já que o exame procura valorizar todo o conhecimento obtido e relacionado ao cotidiano. Além disso, verifica-se, nos últimos anos, uma aproximação dos vestibulares à proposta do Enem, tornando-os mais reflexivos e críticos, em detrimento do caráter memorizador que algumas provas apresentavam anteriormente, o que vem exigindo também uma reformulação dos currículos e das propostas pedagógicas das escolas.

Dessa forma, não se trata de analisar se o Enem é mais fácil ou mais difícil que os exames vestibulares tradicionais, mas de compreender as suas características e se preparar para realizar a prova da melhor maneira possível.

Os eixos cognitivos

O Enem está estruturado em torno de eixos cognitivos. Eles são a base para todas as áreas do conhecimento e se referem, essencialmente, aos domínios básicos que os candidatos devem ter para enfrentar, compreender e resolver as questões que a prova apresenta. Mas, principalmente, são as referências básicas do que precisamos dominar para atuar na realidade social, política, econômica, cultural e tecnológica que nos cerca.

A Matriz de Referência do Enem apresenta os cinco eixos cognitivos:

I. **Dominar linguagens (DL):** dominar a norma culta da Língua Portuguesa e fazer uso das linguagens matemática, artística e científica e das línguas espanhola e inglesa.

II. **Compreender fenômenos (CF)**: construir e aplicar conceitos das várias áreas do conhecimento para a compreensão de fenômenos naturais, de processos histórico-geográficos, da produção tecnológica e das manifestações artísticas.

III. **Enfrentar situações-problema (SP)**: selecionar, organizar, relacionar, interpretar dados e informações representados de diferentes formas, para tomar decisões e enfrentar situações-problema.

IV. **Construir argumentação (CA)**: relacionar informações, representadas em diferentes formas, e conhecimentos disponíveis em situações concretas, para construir argumentação consistente.

V. **Elaborar propostas (EP)**: recorrer aos conhecimentos desenvolvidos na escola para elaboração de propostas de intervenção solidária na realidade, respeitando os valores humanos e considerando a diversidade sociocultural.

Brasil. Ministério da Educação. Instituto Nacional de Estudos e Pesquisas Educacionais Anísio Teixeira. *Matriz de Referência para o Enem*. Brasília, 2009. Disponível em: <http://portal.mec.gov.br/index.php?Itemid=310+enen.br>. Acesso em: 20 maio 2015.

Conforme podemos perceber pela leitura atenta, os eixos cognitivos são essenciais para a compreensão, o diagnóstico e a ação diante de qualquer situação que se apresente a nós. A ideia é que, dominando esses eixos, os candidatos sejam capazes de solucionar os desafios colocados diante deles nas provas e na vida. Assim, propõe-se um exame que valorize aspectos da vida real, apresentando problemas para que os candidatos demonstrem capacidade de compreensão e diagnóstico, de encarar a situação, analisando seu contexto, de construir argumentação em torno do desafio para, por fim, elaborar uma proposta de ação.

Os eixos cognitivos, chamados, até o Enem 2008, de competências gerais, são a estrutura básica do exame, o sustentáculo pedagógico que dá sentido à prova, na medida em que garante a ela uma coerência, já que todos os desafios apresentados na avaliação têm de se fundamentar nesses eixos.

Competências e habilidades

As diversas áreas do conhecimento possuem as suas competências e habilidades específicas, que procuram evidenciar as características das abordagens de cada uma das áreas. Mas afinal, qual a diferença entre competência e habilidade? O que elas significam?

A base para a elaboração da matriz de referência do Enem são os Parâmetros Curriculares Nacionais para o Ensino Médio. Vejamos, então, como ali se apresenta a ideia de competência:

> De que competências se está falando? Da capacidade de abstração, do desenvolvimento do pensamento sistêmico, ao contrário da compreensão parcial e fragmentada dos fenômenos, da criatividade, da curiosidade, da capacidade de pensar múltiplas alternativas para a solução de um problema, ou seja, do desenvolvimento do pensamento divergente, da capacidade de trabalhar em equipe, da disposição para procurar e aceitar críticas, da disposição para o risco, do desenvolvimento do pensamento crítico, do saber comunicar-se, da capacidade de buscar conhecimento. Estas são competências que devem estar presentes na esfera social, cultural, nas atividades políticas e sociais como um todo, e que são condições para o exercício da cidadania num contexto democrático.
>
> BRASIL. Ministério da Educação. Secretaria de Educação Média e Tecnológica. *Parâmetros curriculares nacionais:* ensino médio. Brasília: Ministério da Educação, 1999. p. 24.

Ora, as competências são entendidas como mecanismos fundamentais para a compreensão do mundo e atuação nele, isto é, o saber fazer, conhecer, viver e ser. Não basta o domínio dos conteúdos, mas é necessário aplicá-lo ao contexto em que se encontra. Isso é competência: a capacidade de contextualizar o saber, ou seja, comparar, classificar, analisar, discutir, descrever, opinar, julgar, fazer generalizações, analogias e diagnósticos.

As habilidades são as ferramentas que podemos dispor para desenvolver competências. Logo, para saber fazer, conhecer, viver e ser, precisamos de instrumentais que nos conduzam para que a ação se torne eficaz. As habilidades são esses instrumentais que, manejados, possibilitam atingir os objetivos e desenvolver a competência.

Podemos concluir, portanto, que no Exame Nacional do Ensino Médio o conteúdo que aprendemos na escola deve ser utilizado como instrumento de vivência e de aplicabilidade real, por isso a necessidade de desenvolver competências e habilidades que permitam isso. Assim, os diferentes conteúdos das diversas áreas do conhecimento estão presentes na prova, mas de forma estrategicamente pensada e aplicada a situações da realidade social, política, econômica, cultural, científica e tecnológica.

As áreas de conhecimento

Matemática e suas Tecnologias

Na área de Matemática, a principal preocupação do Enem é que os candidatos sejam capazes de relacionar o conhecimento matemático com o contexto social em que se inserem. Assim, a noção de números deve vir associada a uma aplicabilidade dela numa realidade dada. Da mesma forma, os conhecimentos geométricos devem servir para uma leitura crítica de alguma situação-problema, para que se desenvolvam propostas de solução para as dificuldades apresentadas.

As diferentes grandezas e as representações algébricas devem ser entendidas como instrumentos de leitura da realidade, assim como as diversas formas de construção gráfica, de tabelas e de dados estatísticos.

Dessa forma, as questões da área de Matemática apresentam, em geral, situações-problema, nas quais os conceitos matemáticos devem ser deduzidos e aplicados para a solução de dificuldades reais e concretas.

As competências e habilidades da área são as seguintes:

Competência de área 1
Construir significados para os números naturais, inteiros, racionais e reais.

H1	Reconhecer, no contexto social, diferentes significados e representações dos números e operações - naturais, inteiros, racionais ou reais.
H2	Identificar padrões numéricos ou princípios de contagem.
H3	Resolver situação-problema envolvendo conhecimentos numéricos.
H4	Avaliar a razoabilidade de um resultado numérico na construção de argumentos sobre afirmações quantitativas.
H5	Avaliar propostas de intervenção na realidade utilizando conhecimentos numéricos.

Competência de área 2
Utilizar o conhecimento geométrico para realizar a leitura e a representação da realidade e agir sobre ela.

H6	Interpretar a localização e a movimentação de pessoas/objetos no espaço tridimensional e sua representação no espaço bidimensional.
H7	Identificar características de figuras planas ou espaciais.
H8	Resolver situação-problema que envolva conhecimentos geométricos de espaço e forma.
H9	Utilizar conhecimentos geométricos de espaço e forma na seleção de argumentos propostos como solução de problemas do cotidiano.

Competência de área 3
Construir noções de grandezas e medidas para a compreensão da realidade e a solução de problemas do cotidiano.

H10	Identificar relações entre grandezas e unidades de medida.
H11	Utilizar a noção de escalas na leitura de representação de situação do cotidiano.
H12	Resolver situação-problema que envolva medidas de grandezas.
H13	Avaliar o resultado de uma medição na construção de um argumento consistente.
H14	Avaliar proposta de intervenção na realidade utilizando conhecimentos geométricos relacionados a grandezas e medidas.

Competência de área 4
Construir noções de variação de grandezas para a compreensão da realidade e a solução de problemas do cotidiano.

H15	Identificar a relação de dependência entre grandezas.
H16	Resolver situação-problema envolvendo a variação de grandezas, direta ou inversamente proporcionais.
H17	Analisar informações envolvendo a variação de grandezas como recurso para a construção de argumentação.
H18	Avaliar propostas de intervenção na realidade envolvendo variação de grandezas.

Competência de área 5
Modelar e resolver problemas que envolvem variáveis socioeconômicas ou técnico-científicas, usando representações algébricas.

H19	Identificar representações algébricas que expressem a relação entre grandezas.
H20	Interpretar gráfico cartesiano que represente relações entre grandezas.
H21	Resolver situação-problema cuja modelagem envolva conhecimentos algébricos.
H22	Utilizar conhecimentos algébricos/geométricos como recurso para a construção de argumentação.
H23	Avaliar propostas de intervenção na realidade utilizando conhecimentos algébricos.

Competência de área 6
Interpretar informações de natureza científica e social obtidas da leitura de gráficos e tabelas, realizando previsão de tendência, extrapolação, interpolação e interpretação.

H24	Utilizar informações expressas em gráficos ou tabelas para fazer inferências.
H25	Resolver problema com dados apresentados em tabelas ou gráficos.
H26	Analisar informações expressas em gráficos ou tabelas como recurso para a construção de argumentos.

	Competência de área 7 Compreender o caráter aleatório e não-determinístico dos fenômenos naturais e sociais e utilizar instrumentos adequados para medidas, determinação de amostras e cálculos de probabilidade para interpretar informações de variáveis apresentadas em uma distribuição estatística.
H27	Calcular medidas de tendência central ou de dispersão de um conjunto de dados expressos em uma tabela de frequências de dados agrupados (não em classes) ou em gráficos.
H28	Resolver situação-problema que envolva conhecimentos de estatística e probabilidade.
H29	Utilizar conhecimentos de estatística e probabilidade como recurso para a construção de argumentação.
H30	Avaliar propostas de intervenção na realidade utilizando conhecimentos de estatística e probabilidade.

BRASIL. Ministério da Educação. Instituto Nacional de Estudos e Pesquisas Educacionais Anísio Teixeira. *Matriz de referência para o Enem*. Brasília, 2009. Disponível em: <http://portal.mec.gov.br/index.php?Itemid=310+enen.br>. Acesso em: 20 maio 2015.

Para obter mais informações sobre o Enem, consulte <http://portal.inep.gov.br/web/enem>. Acesso em: 20 maio 2015.

Ser Protagonista Competências Enem

Desde sua formulação, os livros da coleção Ser Protagonista concebem a educação com base nos referenciais das competências e habilidades a serem desenvolvidas em cada uma das áreas do conhecimento. Os exercícios elaborados para os livros procuram trabalhar esses elementos, destacando-se na contextualização e no propósito de envolver problemas da multifacetada realidade da sociedade atual.

A intenção é ampliar esse olhar, apresentando um material adicional no qual o propósito da coleção é ainda mais aprofundado. Neste caderno, você tem acesso a um material específico, focado no desenvolvimento dos eixos cognitivos e nas competências e habilidades do Enem. O objetivo é complementar e fortalecer o projeto pedagógico da coleção Ser Protagonista, com a intenção de fortalecer ainda mais a proposta pedagógica praticada.

Atividades

C1.H3

1. O salário mínimo em fevereiro de 2013 era de R$ 678,00. Segundo o Dieese, o valor necessário para prover o trabalhador das condições mínimas de sobrevivência, como alimentação e moradia, deveria ser de R$ 2 743,69. Qual é o reajuste aproximado que o salário mínimo deveria ter para atingir o valor estimado pelo Dieese?

a) 10%
b) 100%
c) 200%
d) 300%
e) 400%

C1.H3

2. (Enem) A música e a matemática se encontram na representação dos tempos das notas musicais, conforme a figura ao lado.

Um compasso é uma unidade musical composta por determinada quantidade de notas musicais em que a soma das durações coincide com a fração indicada como fórmula do compasso. Por exemplo, se a fórmula de compasso for $\frac{1}{2}$, poderia ter um compasso ou com duas semínimas ou uma mínima ou quatro colcheias, sendo possível a combinação de diferentes figuras.

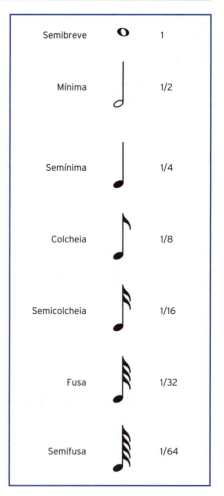

Um trecho musical de oito compassos, cuja fórmula é $\frac{3}{4}$, poderia ser preenchido com:

a) 24 fusas.
b) 3 semínimas.
c) 8 semínimas.
d) 24 colcheias e 12 semínimas.
e) 16 semínimas e 8 semicolcheias.

C1.H4

3. Leia atentamente o trecho da notícia publicada pela Agência Brasil em 27 de março de 2013:

> **Em cinco anos, pelo menos 300 mil brasileiros que viviam no exterior retornaram ao Brasil**
>
> Brasília – A crise econômica internacional associada a problemas específicos em alguns países, como o terremoto seguido por *tsunami* no Japão (em 2011), provocou o retorno de 300 mil a 400 mil brasileiros que estavam no exterior para o Brasil. Os números são do Ministério das Relações Exteriores, Itamaraty, e referem-se ao período de 2007 a 2012. A estimativa é que cerca de 2,5 milhões de brasileiros vivam atualmente no exterior.
>
> Os brasileiros que viviam no exterior voltaram, principalmente, do Japão, da Espanha, de Portugal, da França e dos Estados Unidos, além do Paraguai. Porém, o Itamaraty informou que os dados são baseados em estimativas, pois vários brasileiros que vivem no exterior estão em situação ilegal, o que dificulta a precisão das informações.
>
> O único país, segundo o Itamaraty, que é exceção é o Japão, pois todos os brasileiros são cadastrados pelo governo japonês. De 2007 a 2012, o número de brasileiros no país caiu de 313 mil para 193 mil. A avaliação é que o terremoto seguido por *tsunami* no Nordeste do Japão agravado por explosões e vazamentos nucleares, em março de 2011, tenha provocado o retorno dos brasileiros.
>
> GIRALDI, Renata. Em cinco anos, pelo menos 300 mil brasileiros que viviam no exterior retornaram ao Brasil. Disponível em: <http://agenciabrasil.ebc.com.br/noticia/2013−03−27/em-cinco-anos-pelo-menos−300-mil-brasileiros-que-viviam-no-exterior-retornaram-ao-brasil>. Acesso em: 20 maio 2015.

Considerando os dados do texto, é possível afirmar que:

a) a quantidade de brasileiros no Japão caiu cerca de 40% entre 2007 e 2012.

b) se a quantidade de imigrantes continuar caindo na mesma progressão, em 2017, serão 43 mil imigrantes brasileiros no Japão.

c) a quantidade de imigrantes que retornou ao Brasil no período de 2007 a 2012 corresponde a 2% do total.

d) a quantidade de imigrantes que retornou da Europa no período de 2007 a 2012 é 180 mil.

e) no Paraguai existem 500 mil imigrantes brasileiros.

C3.H11

4. (Enem) A figura a seguir mostra as medidas reais de uma aeronave que será fabricada para utilização por companhias de transporte aéreo. Um engenheiro precisa fazer o desenho desse avião em escala de 1:150.

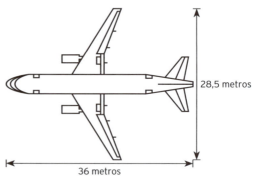

Para o engenheiro fazer esse desenho em uma folha de papel, deixando uma margem de 1 cm em relação às bordas da folha, quais as dimensões mínimas, em centímetros, que essa folha deverá ter?

a) 2,9 cm × 3,4 cm
b) 3,9 cm × 4,4 cm
c) 20 cm × 25 cm
d) 21 cm × 26 cm
e) 192 cm × 242 cm

C3.H11

5. (Enem) Sabe-se que a distância real, em linha reta, de uma cidade A, localizada no estado de São Paulo, a uma cidade B, localizada no estado de Alagoas, é igual a 2 000 km. Um estudante, ao analisar um mapa, verificou com sua régua que a distância entre essas duas cidades, A e B, era 8 cm.

Os dados nos indicam que o mapa observado pelo estudante está na escala de:

a) 1:250
b) 1:2 500
c) 1:25 000
d) 1:250 000
e) 1:25 000 000

C1.H3

6. (Enem)

> Você pode adaptar as atividades do seu dia a dia de uma forma que possa queimar mais calorias do que as gastas normalmente, conforme a relação seguinte.
> - Enquanto você fala ao telefone, faça agachamentos: 100 calorias gastas em 20 minutos.
> - Meia hora de supermercado: 100 calorias.
> - Cuidar do jardim por 30 minutos: 200 calorias.

- Passear com o cachorro: 200 calorias em 30 minutos.
- Tirar o pó dos móveis: 150 calorias em 30 minutos.
- Lavar roupas por 30 minutos: 200 calorias.

Disponível em: <http://cyberdiet.terra.com.br>. Acesso em: 27 abr. 2010 (adaptado).

Uma pessoa deseja executar essas atividades, porém, ajustando o tempo para que, em cada uma, gaste igualmente 200 calorias.

A partir dos ajustes, quanto tempo a mais será necessário para realizar todas as atividades?

a) 50 minutos
b) 60 minutos
c) 80 minutos
d) 120 minutos
e) 170 minutos

C5.H19

7. (Enem) A ideia de usar rolos circulares para deslocar objetos pesados provavelmente surgiu com os antigos egípcios ao construírem as pirâmides.

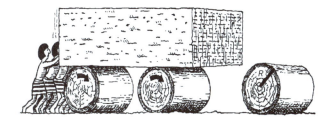

BOLT, Brian. *Atividades matemáticas*. Ed. Gradiva.

Representando por R o raio da base dos rolos cilíndricos, em metros, a expressão do deslocamento horizontal y do bloco de pedra em função de R, após o rolo ter dado uma volta completa sem deslizar, é:

a) $y = R$
b) $y = 2R$
c) $y = \pi R$
d) $y = 2\pi R$
e) $y = 4\pi R$

C1.H4

8. (Enem) Joana frequenta uma academia de ginástica onde faz exercícios de musculação. O programa de Joana requer que ela faça 3 séries de exercícios em 6 aparelhos diferentes, gastando 30 segundos em cada série. No aquecimento, ela caminha durante 10 minutos na esteira e descansa durante 60 segundos para começar o primeiro exercício no primeiro aparelho. Entre uma série e outra, assim como ao mudar de aparelho, Joana descansa por 60 segundos.

Suponha que, em determinado dia, Joana tenha iniciado seus exercícios às 10h30 min e finalizado às 11h07 min. Nesse dia e nesse tempo, Joana:

a) não poderia fazer sequer a metade dos exercícios e dispor dos períodos de descanso especificados em seu programa.

b) poderia ter feito todos os exercícios e cumprido rigorosamente os períodos de descanso especificados em seu programa.

c) poderia ter feito todos os exercícios, mas teria de ter deixado de cumprir um dos períodos de descanso especificados em seu programa.

d) conseguiria fazer todos os exercícios e cumpriria todos os períodos de descanso especificados em seu programa, e ainda se permitiria uma pausa de 7 min.

e) não poderia fazer todas as 3 séries dos exercícios especificados em seu programa; em alguma dessas séries deveria ter feito uma série a menos e não deveria ter cumprido um dos períodos de descanso.

C2.H7

9. A simetria axial é muito utilizada na composição de desenhos artísticos. Nesta simetria, parte da figura é obtida pela reflexão da outra parte através de um eixo, chamado de eixo de simetria. É muito comum associar esta simetria à ideia de espelho, em que o eixo de simetria seria o próprio espelho.

Um artesão criou o vitral da figura acima. Quantos eixos de simetria axial existem nesse vitral?

a) 1 c) 3 e) 5
b) 2 d) 4

C2.H6

10.

Maria está em seu carro rosa indo a uma entrevista de emprego. Ela coloca seu destino no GPS e recebe as seguintes informações:
- siga em frente até a próxima bifurcação;
- vire à esquerda;
- siga em frente até a próxima rua à direita;
- entre nessa rua e siga em frente;
- entre na próxima rua à esquerda;
- siga em frente;
- entre na próxima rua à esquerda;
- seu destino encontra-se à sua direita.

Qual é o ponto que corresponde ao destino de Maria?
a) A b) B c) C d) D e) E

C4.H15 H16 H17

11. Para construir um prédio em 12 meses, foram contratados 100 operários. Por causa da urgência do proprietário, ficou estabelecido que o prazo seria reduzido para 10 meses.

Quantos operários a construtora precisará contratar a mais para conseguir cumprir o prazo?

a) 17
b) 20
c) 83
d) 120
e) nenhum

C4.H16

12. Em um único dia, um trabalhador chega a cortar 10 toneladas de cana-de-açúcar. Sabendo que um hectare corresponde a 10 000 m² e que, em média, são produzidas cerca de 80 toneladas de cana-de-açúcar por hectare, a área que um trabalhador consegue cortar por dia corresponde a um retângulo de base e altura iguais, respectivamente, a:

a) 20 m e 40 m
b) 35 m e 35 m
c) 100 m e 40 m
d) 25 m e 100 m
e) 25 m e 50 m

C4.H16

13. (Enem) Um grupo de 50 pessoas fez um orçamento inicial para organizar uma festa, que seria dividido entre elas em cotas iguais. Verificou-se ao final que, para arcar com todas as despesas, faltavam R$ 510,00, e que 5 novas pessoas haviam ingressado no grupo. No acerto foi decidido que a despesa total seria dividida em partes iguais pelas 55 pessoas. Quem não havia ainda contribuído pagaria a sua parte, e cada uma das 50 pessoas do grupo inicial deveria contribuir com mais R$ 7,00.

De acordo com essas informações, qual foi o valor da cota calculada no acerto final para cada uma das 55 pessoas?

a) R$ 14,00
b) R$ 17,00
c) R$ 22,00
d) R$ 32,00
e) R$ 57,00

C1.H5

14. (Enem)

Pneus usados geralmente são descartados de forma inadequada, favorecendo a proliferação de insetos e roedores e provocando sérios problemas de saúde pública. Estima-se que, no Brasil, a cada ano, sejam descartados 20 milhões de pneus usados. Como alternativa para dar uma destinação final a esses pneus, a Petrobras, em sua unidade de São Mateus do Sul, no Paraná, desenvolveu um processo de obtenção de combustível a partir da mistura dos pneus com xisto. Esse procedimento permite, a partir de uma tonelada de pneu, um rendimento de cerca de 530 kg de óleo.

Disponível em: <http://www.ambientebrasil.com.br>.
Acesso em: 3 out. 2008 (adaptado).

Considerando que uma tonelada corresponde, em média, a cerca de 200 pneus, se todos os pneus descartados anualmente fossem utilizados no processo de obtenção de combustível pela mistura com xisto, seriam então produzidas:

a) 5,3 mil toneladas de óleo.
b) 53 mil toneladas de óleo.
c) 530 mil toneladas de óleo.
d) 5,3 milhões de toneladas de óleo.
e) 530 milhões de toneladas de óleo.

C1.H2

15. (Enem) No calendário utilizado atualmente, os anos são numerados em uma escala sem o zero, isto é, não existe o ano zero. A era cristã se inicia no ano 1 depois de Cristo (d.C.) e designa-se o ano anterior a esse como ano 1 antes de Cristo (a.C.). Por essa razão, o primeiro século ou intervalo de 100 anos da era cristã terminou no dia 31 de dezembro do ano 100 d.C., quando haviam decorrido os primeiros 100 anos após o início da era. O século II começou no dia 1 de janeiro do ano 101 d.C., e assim sucessivamente.

Como não existe o ano zero, o intervalo entre os anos 50 a.C. e 50 d.C., por exemplo, é de 100 anos. Outra forma de representar anos é utilizando-se números inteiros, como fazem os astrônomos. Para eles, o ano 1 a.C. corresponde ao ano 0, o ano 2 a.C. ao ano −1, e assim sucessivamente. Os anos depois de Cristo são representados pelos números inteiros positivos, fazendo corresponder o número 1 ao ano 1 d.C.

Considerando o intervalo de 3 a.C. a 2 d.C., o quadro que relaciona as duas contagens descritas no texto é:

a)

Calendário atual	3 a.C.	2 a.C.	1 a.C.	1 d.C.	2 d.C.
Cômputo dos astrônomos	−1	0	1	2	3

b)

Calendário atual	3 a.C.	2 a.C.	1 a.C.	1 d.C.	2 d.C.
Cômputo dos astrônomos	−2	−1	0	1	2

c)

Calendário atual	3 a.C.	2 a.C.	1 a.C.	1 d.C.	2 d.C.
Cômputo dos astrônomos	−2	−1	1	2	3

d)

Calendário atual	3 a.C.	2 a.C.	1 a.C.	1 d.C.	2 d.C.
Cômputo dos astrônomos	−3	−2	−1	1	2

e)

Calendário atual	3 a.C.	2 a.C.	1 a.C.	1 d.C.	2 d.C.
Cômputo dos astrônomos	−3	−2	−1	0	1

C1.H3

16. (Enem)

A disparidade de volume entre os planetas é tão grande que seria possível colocá-los uns dentro dos outros. O planeta Mercúrio é o menor de todos. Marte é o segundo menor: dentro dele cabem três Mercúrios. Terra é o único com vida: dentro dela cabem sete Martes. Netuno é o quarto maior: dentro dele cabem 58 Terras. Júpiter é o maior dos planetas: dentro dele cabem 23 Netunos.

Revista *Veja*, ano 41, n. 25, 25 jun. 2008 (adaptado).

Seguindo o raciocínio proposto, quantas Terras cabem dentro de Júpiter?

a) 406
b) 1 334
c) 4 002
d) 9 338
e) 28 014

C1.H3

17. (Enem)

Embora o Índice de Massa Corporal (IMC) seja amplamente utilizado, existem ainda inúmeras restrições teóricas ao uso e às faixas de normalidade preconizadas. O Recíproco do Índice Ponderal (RIP), de acordo com o modelo alométrico, possui uma melhor fundamentação matemática, já que a massa é uma variável de dimensões cúbicas e a altura, uma variável de dimensões lineares. As fórmulas que determinam esses índices são:

$$IMC = \frac{\text{massa (kg)}}{[\text{altura (m)}]^2} \qquad RIP = \frac{\text{altura (cm)}}{\sqrt[3]{\text{massa (kg)}}}$$

ARAUJO, C. G. S.; RICARDO, D. R. *Índice de massa corporal*: um questionamento científico baseado em evidências. Arq. Bras. Cardiologia, v. 79, n. 1, 2002 (adaptado).

Se uma menina, com 64 kg de massa, apresenta IMC igual a 25 kg/m², então ela possui RIP igual a:

a) $0,4 \text{ cm/kg}^{\frac{1}{3}}$
b) $2,5 \text{ cm/kg}^{\frac{1}{3}}$
c) $8 \text{ cm/kg}^{\frac{1}{3}}$
d) $20 \text{ cm/kg}^{\frac{1}{3}}$
e) $40 \text{ cm/kg}^{\frac{1}{3}}$

C4.H17

18. (Enem) A loja Telas & Molduras cobra 20 reais por metro quadrado de tela, 15 reais por metro linear de moldura, mais uma taxa fixa de entrega de 10 reais.

Uma artista plástica precisa encomendar telas e molduras a essa loja, suficientes para 8 quadros retangulares (25 cm × 50 cm). Em seguida, fez uma segunda encomenda, mas agora para 8 quadros retangulares (50 cm × 100 cm). O valor da segunda encomenda será:

a) o dobro do valor da primeira encomenda, porque a altura e a largura dos quadros dobraram.

b) maior do que o valor da primeira encomenda, mas não o dobro.

c) a metade do valor da primeira encomenda, porque a altura e a largura dos quadros dobraram.

d) menor do que o valor da primeira encomenda, mas não a metade.

e) igual ao valor da primeira encomenda, porque o custo de entrega será o mesmo.

C6.H26

19. (Enem) O gráfico expõe alguns números da gripe A-H1N1. Entre as categorias que estão em processo de imunização, uma já está completamente imunizada, a dos trabalhadores da saúde.

Época. 26 abr. 2010 (adaptado).

De acordo com o gráfico, entre as demais categorias, a que está mais exposta ao vírus da gripe A-H1N1 é a categoria de:

a) indígenas.
b) gestantes.
c) doentes crônicos.
d) adultos entre 20 e 29 anos.
e) crianças de 6 meses a 2 anos.

C1.H4

20. (Enem)

Observe as dicas para calcular a quantidade certa de alimentos e bebidas para as festas de fim de ano.

- Para o prato principal, estime 250 gramas de carne para cada pessoa.
- Um copo americano cheio de arroz rende o suficiente para quatro pessoas.
- Para a farofa, calcule quatro colheres de sopa por convidado.
- Uma garrafa de vinho serve seis pessoas.
- Uma garrafa de cerveja serve duas.
- Uma garrafa de espumante serve três convidados.

Quem organiza festas faz esses cálculos em cima do total de convidados, independente do gosto de cada um.

Quantidade certa de alimentos e bebidas evita o desperdício da ceia. *Jornal Hoje*, 17 dez. 2010 (adaptado).

Um anfitrião decidiu seguir essas dicas ao se preparar para receber 30 convidados para a ceia de Natal. Para seguir essas orientações à risca, o anfitrião deverá dispor de:

a) 120 kg de carne, 7 copos americanos e meio de arroz, 120 colheres de sopa de farofa, 5 garrafas de vinho, 15 de cerveja e 10 de espumante.

b) 120 kg de carne, 7 copos americanos e meio de arroz, 120 colheres de sopa de farofa, 5 garrafas de vinho, 30 de cerveja e 10 de espumante.

c) 75 kg de carne, 7 copos americanos e meio de arroz, 120 colheres de sopa de farofa, 5 garrafas de vinho, 15 de cerveja e 10 de espumante.

d) 7,5 kg de carne, 7 copos americanos de arroz, 120 colheres de sopa de farofa, 5 garrafas de vinho, 30 de cerveja e 10 de espumante.

e) 7,5 kg de carne, 7 copos americanos e meio de arroz, 120 colheres de sopa de farofa, 5 garrafas de vinho, 15 de cerveja e 10 de espumante.

C2.H6

21. (Enem)

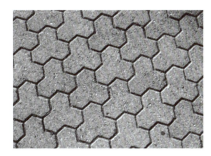

Disponível em: <http://www.diaadia.pr.gov.br>.
Acesso em: 28 abr. 2010.

O polígono que dá forma a essa calçada é invariante por rotações, em torno de seu centro, de:
a) 45°
b) 60°
c) 90°
d) 120°
e) 180°

C1.H3

22. (Enem)

Segundo a Associação Brasileira de Alumínio (ABAL), o Brasil foi o campeão mundial, pelo sétimo ano seguido, na reciclagem de latas de alumínio. Foram reciclados 96,5% do que foi utilizado no mercado interno em 2007, o equivalente a 11,9 bilhões de latinhas. Este número significa, em média, um movimento de 1,8 bilhões de reais anuais em função da reutilização de latas no Brasil, sendo 523 milhões referentes à etapa da coleta, gerando, assim, "emprego" e renda para cerca de 180 mil trabalhadores. Essa renda, em muitos casos, serve como complementação do orçamento familiar e, em outros casos, como única renda da família.

Revista *Conhecimento Prático Geografia*, n. 22 (adaptado).

Com base nas informações apresentadas, a renda média mensal dos trabalhadores envolvidos nesse tipo de coleta gira em torno de:
a) R$ 173,00.
b) R$ 242,00.
c) R$ 343,00.
d) R$ 504,00.
e) R$ 841,00.

C1.H3

23. Leia o texto a seguir:

Previdência quer ampliar número de empregados domésticos com carteira assinada

Brasília – O número de empregados domésticos inscritos na Previdência Social é pequeno, pouco mais de 30%. Na avaliação do diretor do Departamento do Regime Geral da Previdência Social, Rogério Nagamine, o registro do trabalho doméstico tem avançado pouco no país, apesar dos estímulos dados pelo governo.

São 6,3 milhões de empregados dos quais 2 milhões trabalham com carteira assinada. Durante reunião do Conselho Nacional da Previdência Social realizada hoje (21), ele disse que o Ministério da Previdência Social planeja criar um setor só para cuidar dessa questão.

Disponível em: <http://agenciabrasil.ebc.com.br/noticia/2013−03−21/previdencia-quer-ampliar-numero-de-empregados-domesticos-com-carteira-assinada acesso em 25/03/2013>. Acesso em: 23 jan. 2014.

Suponhamos que todos os empregados domésticos recebam apenas o salário mínimo de R$ 678,00 por mês. Sabendo que a alíquota do INSS para esse valor é de 8%, qual é o valor aproximado do aumento da arrecadação, caso o governo, atinja a totalidade dos empregados registrados?

a) 2,3 mil

b) 23 mil

c) 2,3 milhões

d) 23 milhões

e) 230 milhões

C1.H2

24. (Enem) Ronaldo é um garoto que adora brincar com números. Numa dessas brincadeiras, empilhou caixas numeradas de acordo com a sequência conforme mostrada no esquema a seguir.

```
            1
          1 2 1
        1 2 3 2 1
      1 2 3 4 3 2 1
            ...
```

Ele percebeu que a soma dos números em cada linha tinha uma propriedade e que, por meio dessa propriedade, era possível prever a soma de qualquer linha posterior às já construídas. A partir dessa propriedade, qual será a soma da 9ª linha da sequência de caixas empilhadas por Ronaldo?

a) 9
b) 45
c) 64
d) 81
e) 285

C1.H1

25. (Enem) O medidor de energia elétrica de uma residência, conhecido por "relógio de luz", é constituído de quatro pequenos relógios, cujos sentidos de rotação estão indicados conforme a figura:

Disponível em: <http://www.enersul.com.br>. Acesso em: 26 abr. 2010.

A medida é expressa em kWh. O número obtido na leitura é composto por 4 algarismos. Cada posição do número é formada pelo último algarismo ultrapassado pelo ponteiro.

O número obtido pela leitura em kWh, na imagem, é:

a) 2 614
b) 3 624
c) 2 715
d) 3 725
e) 4 162

C1.H1

26. (Enem) O dono de uma oficina mecânica precisa de um pistão das partes de um motor, de 68 mm de diâmetro, para o conserto de um carro. Para conseguir um, esse dono vai até um ferro-velho e lá encontra pistões com diâmetros iguais a 68,21 mm; 68,102 mm; 68,001 mm; 68,02 mm e 68,012 mm. Para colocar o pistão no motor que está sendo consertado, o dono da oficina terá de adquirir aquele que tenha o diâmetro mais próximo do que precisa.

Nessa condição, o dono da oficina deverá comprar o pistão de diâmetro:

a) 68,21 mm
b) 68,102 mm
c) 68,02 mm
d) 68,012 mm
e) 68,001 mm

C1.H1

27. (Enem) Para cada indivíduo, a sua inscrição no Cadastro de Pessoas Físicas (CPF) é composta por um número de 9 algarismos e outro número de 2 algarismos, na forma d_1d_2, em que os dígitos d_1 e d_2 são denominados dígitos verificadores.

Os dígitos verificadores são calculados, a partir da esquerda, da seguinte maneira: os 9 primeiros algarismos são multiplicados pela sequência 10, 9, 8, 7, 6, 5, 4, 3, 2 (o primeiro por 10, o segundo por 9, e assim sucessivamente); em seguida, calcula-se o resto r da divisão da soma dos resultados das multiplicações por 11, e se esse resto r for 0 ou 1, d_1 é zero, caso contrário $d_1 = (11 - r)$. O dígito d_2 é calculado pela mesma regra, na qual os números a serem multiplicados pela sequência dada são contados a partir do segundo algarismo, sendo d_1 o último algarismo, isto é, é zero se o resto s da divisão por 11 das somas das multiplicações for 0 ou 1, caso contrário, $d_2 = (11 - s)$.

Suponha que João tenha perdido seus documentos, inclusive o cartão de CPF, e, ao dar queixa da perda na delegacia, não conseguisse lembrar quais eram os dígitos verificadores, recordando-se apenas que os nove primeiros algarismos eram 123.456.789.

Neste caso, os dígitos verificadores d_1 e d_2 esquecidos são, respectivamente:

a) 0 e 9
b) 1 e 4
c) 1 e 7
d) 9 e 1
e) 0 e 1

C1.H4

28. (Enem) Um dos diversos instrumentos que o homem concebeu para medir o tempo foi a ampulheta, também conhecida como relógio de areia. Suponha que uma cozinheira tenha de marcar 11 minutos, que é o tempo exato para assar os biscoitos que ela colocou no forno. Dispondo de duas ampulhetas, uma de 8 minutos e outra de 5, ela elaborou 6 etapas, mas fez o esquema, representado a seguir, somente até a 4ª etapa, pois é só depois dessa etapa que ela começa a contar os 11 minutos.

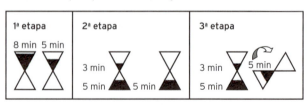

A opção que completa o esquema é:

a)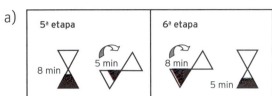

b)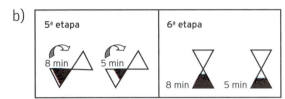

c)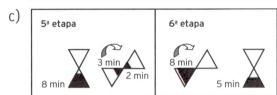

d)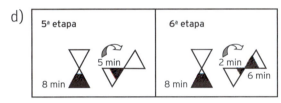

e)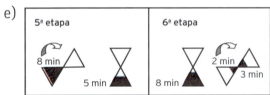

C5 H9 H21 H23

29. Um vendedor recebe um salário fixo de R$ 1 000,00 mais 3% do total de vendas efetuadas no mês. Sendo x o total de vendas, a função que corresponde ao salário do vendedor é:

a) y = 1 000 + 3x
b) y = 1 000 + 0,3x
c) y = 1 000 + 0,03x
d) y = 1 000 − 0,3x
e) y = 1 000 − 0,03x

C4.H19

30. (Enem) O prefeito de uma cidade deseja construir uma rodovia para dar acesso a outro município. Para isso, foi aberta uma licitação na qual concorreram duas empresas. A primeira cobrou R$ 100 000,00 por km construído (n), acrescidos de um valor fixo de R$ 350 000,00, enquanto a segunda cobrou R$ 120 000,00 por km construído (n), acrescidos de um valor fixo de R$ 150 000,00. As duas empresas apresentam o mesmo padrão de qualidade dos serviços prestados, mas apenas uma delas poderá ser contratada.

Do ponto de vista econômico, qual equação possibilitaria encontrar a extensão da rodovia que tornaria indiferente para a prefeitura escolher qualquer uma das propostas apresentadas?

a) $100n + 350 = 120n + 150$

b) $100n + 150 = 120n + 350$

c) $100(n + 350) = 120(n + 150)$

d) $100(n + 350\,000) = 120(n + 150\,000)$

e) $350(n + 100\,000) = 150(n + 120\,000)$

C6.H24

31. (Enem) A tabela mostra alguns dados da emissão de dióxido de carbono de uma fábrica, em função do número de toneladas produzidas.

Produção (em toneladas)	Emissão de dióxido de carbono (em partes por milhão – ppm)
1,1	2,14
1,2	2,30
1,3	2,46
1,4	2,64
1,5	2,83
1,6	3,03
1,7	3,25
1,8	3,48
1,9	3,73
2,0	4,00

Cadernos do Gestar II, Matemática TP3. Disponível em: <www.mec.gov.br>. Acesso em: 14 jul. 2009.

Os dados na tabela indicam que a taxa média de variação entre a emissão de dióxido de carbono (em ppm) e a produção (em toneladas) é:

a) inferior a 0,18.

b) superior a 0,18 e inferior a 0,50.

c) superior a 0,50 e inferior a 1,50.

d) superior a 1,50 e inferior a 2,80.

e) superior a 2,80.

C6.H26

32. (Enem) A suspeita de que haveria uma relação causal entre tabagismo e câncer de pulmão foi levantada pela primeira vez a partir de observações clínicas. Para testar essa possível associação, foram conduzidos inúmeros estudos epidemiológicos. Dentre esses, houve o estudo do número de casos de câncer em relação ao número de cigarros consumidos por dia, cujos resultados são mostrados no gráfico a seguir.

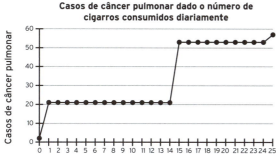

Centers for Disease Control and Prevention CDC-EIS Summer Course – 1992 (adaptado).

De acordo com as informações do gráfico:

a) o consumo diário de cigarros e o número de casos de câncer de pulmão são grandezas inversamente proporcionais.

b) o consumo diário de cigarros e o número de casos de câncer de pulmão são grandezas que não se relacionam.

c) o consumo diário de cigarros e o número de casos de câncer de pulmão são grandezas diretamente proporcionais.

d) uma pessoa não fumante certamente nunca será diagnosticada com câncer de pulmão.

e) o consumo diário de cigarros e o número de casos de câncer de pulmão são grandezas que estão relacionadas, mas sem proporcionalidade.

C5.H23

33. (Enem) Na cidade de João e Maria, haverá *shows* em uma boate. Pensando em todos, a boate propôs pacotes para que os fregueses escolhessem o que seria melhor para si.

- Pacote 1: taxa de 40 reais por *show*.
- Pacote 2: taxa de 80 reais mais 10 reais por *show*.
- Pacote 3: taxa de 60 reais para 4 *shows*, e 15 reais por cada *show* a mais.

João assistirá a 7 *shows* e Maria, a 4. As melhores opções para João e Maria são, respectivamente, os pacotes:

a) 1 e 2   c) 3 e 1   e) 3 e 3
b) 2 e 2   d) 2 e 1

C1.H4

34. (Enem) Três empresas de táxi W, K e L estão fazendo promoções: a empresa W cobra R$ 2,40 a cada quilômetro rodado e com um custo inicial de R$ 3,00; a empresa K cobra R$ 2,25 a cada quilômetro rodado e uma taxa inicial de R$ 3,80 e, por fim, a empresa L que cobra R$ 2,50 a cada quilômetro rodado e com taxa inicial de R$ 2,80.

Um executivo está saindo de casa e vai de táxi para uma reunião que é a 5 km do ponto de táxi, e sua esposa sairá do hotel e irá para o aeroporto, que fica a 15 km do ponto de táxi.

Assim, os táxis que o executivo e sua esposa deverão pegar, respectivamente, para terem a maior economia são das empresas:

a) W e L   c) K e L   e) K e K
b) W e K   d) K e W

C5.H19

35. (Enem) Uma professora realizou uma atividade com seus alunos utilizando canudos de refrigerante para montar figuras, onde cada lado foi representado por um canudo. A quantidade de canudos (C) de cada figura depende da quantidade de quadrados (Q) que formam cada figura. A estrutura de formação das figuras está representada a seguir.

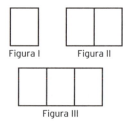

Figura I   Figura II

Figura III

Que expressão fornece a quantidade de canudos em função da quantidade de quadrados de cada figura?

a) $C = 4Q$ c) $C = 4Q - 1$ e) $C = 4Q - 2$
b) $C = 3Q + 1$ d) $C = Q + 3$

C5.H19

36. (Enem)

O saldo de contratações no mercado formal no setor varejista da região metropolitana de São Paulo registrou alta. Comparando as contratações deste setor no mês de fevereiro com as de janeiro deste ano, houve incremento de 4 300 vagas no setor, totalizando 880 605 trabalhadores com carteira assinada.

Disponível em: <http://www.folha.uol.com.br>. Acesso em: 26 abr. 2010 (adaptado).

Suponha que o incremento de trabalhadores no setor varejista seja sempre o mesmo nos seis primeiros meses do ano.

Considerando-se que y e x representam, respectivamente, as quantidades de trabalhadores no setor varejista e os meses, janeiro sendo o primeiro, fevereiro, o segundo, e assim por diante, a expressão algébrica que relaciona essas quantidades nesses meses é:

a) $y = 4\,300x$
b) $y = 884\,905x$
c) $y = 872\,005 + 4\,300x$
d) $y = 876\,305 + 4\,300x$
e) $y = 880\,605 + 4\,300x$

C5.H19

37. (Enem) Um experimento consiste em colocar certa quantidade de bolas de vidro idênticas em um copo com água até certo nível e medir o nível da água, conforme ilustrado na figura a seguir.

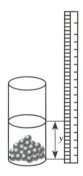

Como resultado do experimento, concluiu-se que o nível da água é função do número de bolas de vidro que são colocadas dentro do copo. O quadro a seguir mostra alguns resultados do experimento realizado.

Número de bolas (x)	Nível da água (y)
5	6,35 cm
10	6,70 cm
15	7,05 cm

Disponível em: <www.penta.ufrgs.br>. Acesso em: 13 jan. 2009 (adaptado).

Qual a expressão algébrica que permite calcular o nível da água (y) em função do número de bolas (x)?

a) $y = 30x$
b) $y = 25x + 20{,}2$
c) $y = 1{,}27x$
d) $y = 0{,}7x$
e) $y = 0{,}07x + 6$

C5.H21

38. Joaquim é dono de uma microempresa que fabrica "rebimbocas da parafuseta". O custo fixo mensal de sua empresa é R$ 1 800,00, incluindo água, luz, aluguel, etc. O custo variável (depende da quantidade de rebimbocas produzidas) é R$ 30,00 por unidade. Considerando que o preço de venda das rebimbocas seja de R$ 80,00 a unidade, quantas rebimbocas Joaquim precisa vender para obter lucro com sua microempresa?

a) 36
b) menos de 36
c) mais de 36
d) a empresa de Joaquim sempre dará lucro independentemente da quantidade de peças vendida.
e) a empresa de Joaquim nunca dará lucro, independentemente da quantidade de peças vendida.

C5.H21

39. Segundo estudo do Dieese, a taxa de desemprego em sete regiões metropolitanas subiu.

Taxas de desemprego total
Regiões metropolitanas e Distrito Federal (1)
Fevereiro/2012 – Fevereiro/2013   Em porcentagem

Regiões	Fev-12	Jan-13	Fev-13
Total	10,1	10,0	10,4
Belo Horizonte	5,1	5,6	6,2
Distrito Federal	12,4	12,0	12,8
Fortaleza	8,5	8,1	8,5
Porto Alegre	7,0	6,3	6,2
Recife	11,9	12,6	12,9
Salvador	15,8	17,3	18,6
São Paulo	10,4	10,0	10,3

Fonte de pesquisa: Convênio Deade - Dieese. MTE/FAT e convênios regionais
(1) Corresponde ao total das regiões metropolitanas de Belo Horizonte, Fortaleza, Porto Alegre, Recife, Salvador, São Paulo e Distrito Federal.
Disponível em: <http://www.dieese.org.br/analiseped/2013/201302 pedmet.pdf>. Acesso em: 23 nov. 2013.

Considerando que a taxa de desemprego continue aumentando na mesma proporção que a apresentada de janeiro a fevereiro de 2013 em São Paulo e em Fortaleza, daqui a quantos meses as duas capitais teriam taxas iguais de desemprego?

a) 6 meses
b) 12 meses
c) 18 meses
d) 24 meses
e) as duas taxas nunca serão iguais

C5.H20

40. (Enem) As frutas que antes se compravam por dúzias, hoje em dia, podem ser compradas por quilogramas, existindo também a variação dos preços de acordo com a época de produção. Considere que, independente da época ou variação de preço, certa fruta custa R$ 1,75 o quilograma.

Dos gráficos a seguir, o que representa o preço *m* pago em reais pela compra de *n* quilogramas desse produto é:

a)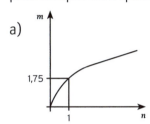

d)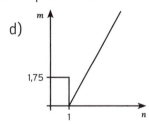

b)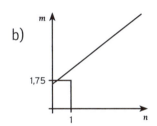

e)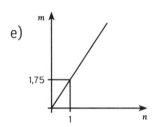

c)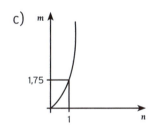

C5.H19

41. (Enem) A empresa *SWK* produz um determinado produto *x*, cujo custo de fabricação é dado pela equação de uma reta crescente, com inclinação dois e de variável *x*. Se não tivermos nenhum produto produzido, a despesa fixa é de R$ 7,00 e a função venda de cada unidade *x* é dada por $-2x^2 + 229,76x - 441,84$.

Tendo em vista uma crise financeira, a empresa fez algumas demissões. Com isso, caiu em 12% o custo da produção de cada unidade produzida. Nessas condições, a função lucro da empresa pode ser expressa como:

a) $L(x) = -2x^2 + 228x - 448,00$
b) $L(x) = -2x^2 + 227,76x - 448,84$
c) $L(x) = -2x^2 + 228x - 441,84$
d) $L(x) = -2x^2 + 229,76x - 441,84$
e) $L(x) = -2x^2 + 227,76x - 448,96$

C5.H21

42. (Enem) A empresa WQTU Cosmético vende um determinado produto x, cujo custo de fabricação de cada unidade é dado por $3x^2 + 232$, e o seu valor de venda é expresso pela função $180x - 116$. A empresa vendeu 10 unidades do produto x, e deseja saber quantas unidades precisa vender para obter um lucro máximo.

A quantidade máxima de unidades a serem vendidas pela empresa WQTU para a obtenção do maior lucro é:

a) 10 　　　　c) 58 　　　　e) 232
b) 30 　　　　d) 116

C5.H21

43. (Enem) Nos processos industriais, como na indústria de cerâmica, é necessário o uso de fornos capazes de produzir elevadas temperaturas e, em muitas situações, o tempo de elevação dessa temperatura deve ser controlado, para garantir a qualidade do produto final e a economia no processo.

Em uma indústria de cerâmica, o forno é programado para elevar a temperatura ao longo do tempo de acordo com a função:

$$T(t) = \begin{cases} \frac{7}{5}t + 20, \text{ para } 0 \leq t < 100 \\ \frac{2}{125}t^2 - \frac{16}{5}t + 320, \text{ para } t \geq 100 \end{cases}$$

[...] T é o valor da temperatura atingida pelo forno, em graus Celsius, e t é o tempo, em minutos, decorrido desde o instante em que o forno é ligado.

Uma peça deve ser colocada nesse forno quando a temperatura for 48 °C e retirada quando a temperatura for 200 °C.

O tempo de permanência dessa peça no forno é, em minutos, igual a:

a) 100 　　　　c) 128 　　　　e) 150
b) 108 　　　　d) 130

C6.H24

44. (Enem)

　　　A duração do efeito de alguns fármacos está relacionada à sua meia-vida, tempo necessário para que a quantidade original do fármaco no organismo se reduza à metade. A cada intervalo de tempo correspondente a uma meia-vida, a quantidade de fármaco existente no organismo no final do intervalo é igual a 50% da quantidade no início desse intervalo.

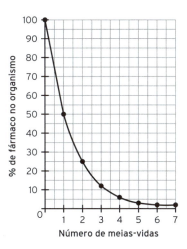

O gráfico anterior representa, de forma genérica, o que acontece com a quantidade de fármaco no organismo humano ao longo do tempo.

Fuchs, F. D.; Wannma, Cher l. *Farmacologia clínica*. Rio de Janeiro: Guanabara Koogan, 1992. p. 40.

A meia-vida do antibiótico amoxicilina é de 1 hora. Assim, se uma dose desse antibiótico for injetada às 12 h em um paciente, o percentual dessa dose que restará em seu organismo às 13h30 min será aproximadamente de:

a) 10%   b) 15%   c) 25%   d) 35%   e) 50%

C5.H21

45. (Enem)

A Escala de Magnitude de Momento (abreviada como MMS e denotada como M_W), introduzida em 1979 por Thomas Haks e Hiroo Kanamori, substituiu a Escala de Richter para medir a magnitude dos terremotos em termos de energia liberada. Menos conhecida pelo público, a MMS é, no entanto, a escala usada para estimar as magnitudes de todos os grandes terremotos da atualidade. Assim como a escala Richter, a MMS é uma escala logarítmica. M_W e M_0 se relacionam pela fórmula $M_W = -10{,}7 + \frac{1}{3}\log_{10}(M_0)$, onde M_0 é o momento sísmico (usualmente estimado a partir dos registros de movimento da superfície, através dos sismogramas), cuja unidade é o dina · cm.

O terremoto de Kobe, acontecido no dia 17 de janeiro de 1995, foi um dos terremotos que causaram maior impacto no Japão e na comunidade científica internacional. Teve magnitude $M_W = 7{,}3$.

U.S. Geological Survey. *Historic Earthquakes*. Disponível em: <http://earthquake.usgs.gov>. Acesso em: 1º maio 2010 (adaptado).

U.S. Geological Survey. *USGS Earthquake Magnitude Policy*. Disponível em: <http://earthquake.usgs.gov>. Acesso em: 1º maio 2010 (adaptado).

Mostrando que é possível determinar a medida por meio de conhecimentos matemáticos, qual foi o momento sísmico M_0 do terremoto de Kobe (em dina · cm)?

a) $10^{-5,10}$
c) $10^{12,00}$
e) $10^{27,00}$
b) $10^{-0,73}$
d) $10^{21,65}$

C6.H24

46. Dependendo do valor, o salário do cidadão brasileiro sofre o desconto de impostos como INSS e imposto de renda. Para efetuar o cálculo do salário líquido (aquele que o trabalhador efetivamente recebe), deve-se descontar primeiramente o valor do INSS, calculado conforme a tabela abaixo:

Tabela de contribuição mensal
1. Segurados empregados, inclusive domésticos e trabalhadores avulsos

TABELA VIGENTE
Tabela de contribuição dos segurados empregados, empregados domésticos e trabalhadores avulsos, para pagamento de remuneração a partir de 1º de janeiro de 2013

Salário de contribuição (R$)	Alíquota para fins de recolhimento ao INSS (%)
até 1.247,70	8,00
de 1.247,71 até 2.079,50	9,00
de 2.079,51 até 4.159,00	11,00

Disponível em: <http://www.previdencia.gov.br/conteudoDinamico.php?id=313>. Acesso em: 25 mar. 2013.

Em seguida, este valor deve ser subtraído do valor bruto do salário, obtendo-se a **base de cálculo mensal**. Então, calcula-se o imposto de renda sobre este valor, conforme a tabela abaixo:

Tabela Progressiva para o cálculo mensal do Imposto sobre a Renda da Pessoa Física para o exercício de 2014, ano--calendário de 2013.

Base de cálculo mensal em R$	Alíquota %	Parcela a deduzir do imposto em R$
Até 1.710,78	-	-
De 1.710,79 até 2.563,91	7,5	128,31
De 2.563,92 até 3.418,59	15,0	320,60
De 3.418,60 até 4.271,59	22,5	577,00
Acima de 4.271,59	27,5	790,58

Disponível em: <http://www.receita.fazenda.gov.br/Aliquotas/ContribFont2012a2015.htm>. Acesso em: 25 mar. 2013.

Primeiro calcula-se a alíquota, conforme a tabela, e em seguida desconta-se a parcela a deduzir do imposto, obtendo--se o valor a ser descontado do salário.

Agora, desconta-se esse valor da base de cálculo mensal (obtida anteriormente) e assim, obterá o salário líquido.

Considerando-se um trabalhador que seja contratado por R$ 1 800,00 de salário bruto, qual será o seu salário líquido?

a) R$ 1 602,00
b) R$ 1 631,31
c) R$ 1 638,00
d) R$ 1 656,00
e) R$ 1 800,00

C6.H25

47. (Enem) Brasil e França têm relações comerciais há mais de 200 anos. Enquanto a França é a 5ª nação mais rica do planeta, o Brasil é a 10ª, e ambas se destacam na economia mundial. No entanto, devido a uma série de restrições, o comércio entre esses dois países ainda não é adequadamente explorado, como mostra a tabela seguinte, referente ao período 2003-2007.

Investimentos bilaterais (em milhões de dólares)		
Ano	Brasil na França	França no Brasil
2003	367	825
2004	357	485
2005	354	1 458
2006	539	744
2007	280	1 214

Disponível em: <www.cartacapital.com.br>. Acesso em: 7 jul. 2009.

Os dados da tabela mostram que, no período considerado, os valores médios dos investimentos da França no Brasil foram maiores que os investimentos do Brasil na França em um valor:

a) inferior a 300 milhões de dólares.
b) superior a 300 milhões de dólares, mas inferior a 400 milhões de dólares.
c) superior a 400 milhões de dólares, mas inferior a 500 milhões de dólares.
d) superior a 500 milhões de dólares, mas inferior a 600 milhões de dólares.
e) superior a 600 milhões de dólares.

C6.H25

48. (Enem) Nos últimos anos, o aumento da população, aliado ao crescente consumo de água, tem gerado inúmeras preocupações, incluindo o uso desta na produção de alimentos. O gráfico mostra a quantidade de litros de água necessária para a produção de 1 kg de alguns alimentos.

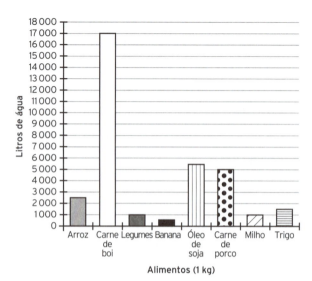

Com base no gráfico, para a produção de 100 kg de milho, 100 kg de trigo, 100 kg de arroz, 100 kg de carne de porco e 600 kg de carne de boi, a quantidade média necessária de água, por quilograma de alimento produzido, é aproximadamente igual a:

a) 415 litros por quilograma.

b) 11 200 litros por quilograma.

c) 27 000 litros por quilograma.

d) 2 240 000 litros por quilograma.

e) 2 700 000 litros por quilograma.

C6.H24

49. Os gráficos abaixo foram obtidos no Censo 2010 e referem-se ao estado da Paraíba:

Fonte de pesquisa: Censo 2010.

Disponível em: <http://www.censo2010.ibge.gov.br/apps/mapa/>. Acesso em: 20 maio 2015.

Considerando que a distribuição de rendimentos ocorra na mesma proporção para homens e mulheres, que quantidade aproximada de mulheres recebe entre 1 e 2 salários mínimos na Paraíba?

a) 150 000
b) 193 200
c) 200 000
d) 206 800
e) 400 000

C5.H21

50. (Enem) Uma indústria fabrica um único tipo de produto e sempre vende tudo o que produz. O custo total para fabricar uma quantidade q de produtos é dado por uma função, simbolizada por CT, enquanto o faturamento que a empresa obtém com a venda da quantidade q também é uma função, simbolizada por FT. O lucro total (LT) obtido pela venda da quantidade q de produtos é dado pela expressão $LT(q) = FT(q) - CT(q)$.

Considerando-se as funções $FT(q) = 5q$ e $CT(q) = 2q + 12$ como faturamento e custo, qual a quantidade mínima de produtos que a indústria terá de fabricar para não ter prejuízo?

a) 0
b) 1
c) 3
d) 4
e) 5

C5.H22

51. (Enem) Um jovem investidor precisa escolher qual investimento lhe trará maior retorno financeiro em uma aplicação de R$ 500,00. Para isso, pesquisa o rendimento e o imposto a ser pago em dois investimentos: poupança e CDB (certificado de depósito bancário). As informações obtidas estão resumidas no quadro:

	Rendimento mensal (%)	IR (imposto de renda)
Poupança	0,560	isento
CDB	0,876	4% (sobre o ganho)

Para o jovem investidor, ao final de um mês, a aplicação mais vantajosa é:

a) a poupança, pois totalizará um montante de R$ 502,80.
b) a poupança, pois totalizará um montante de R$ 500,56.
c) o CDB, pois totalizará um montante de R$ 504,38.
d) o CDB, pois totalizará um montante de R$ 504,21.
e) o CDB, pois totalizará um montante de R$ 500,87.

C5.H20

52. Observe a tabela referente à contribuição do INSS dos trabalhadores:

Tabela de contribuição mensal
Segurados empregados, inclusive domésticos e trabalhadores avulsos

TABELA VIGENTE	
Tabela de contribuição dos segurados empregados, empregados domésticos e trabalhadores avulsos, para pagamento de remuneração a partir de 1º de janeiro de 2013	
Salário de contribuição (R$)	Alíquota para fins de recolhimento ao INSS (%)
até 1 247,70	8,00
de 1 247,71 até 2 079,50	9,00
de 2 079,51 até 4 159,00	11,00

Disponível em: <http://www.previdencia.gov.br/conteudoDinamico.php?id=313>. Acesso em: 23 nov. 2013.

Considerando o eixo **y** o valor da contribuição[1] e o eixo **x** o salário de contribuição[2], que gráfico corresponde à contribuição mensal do INSS de um trabalhador?

a)

b)

c)

d)

e)

C5.H20

53. (Enem) Paulo emprestou R$ 5 000,00 a um amigo, a uma taxa de juros simples de 3% ao mês. Considere x o número de meses do empréstimo e $M(x)$ o montante a ser devolvido para Paulo no final de x meses.

---

[1]. Valor da contribuição: valor calculado dependendo da faixa salarial, conforme a tabela dada.
[2]. Salário de contribuição: valor do salário recebido pelo trabalhador sem descontos.

Nessas condições, a representação gráfica correta para M(x) é:

a)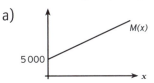

d)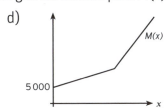

b)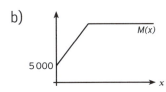

e)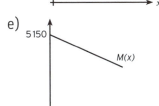

c)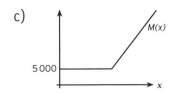

C4.H16

54. (Enem) Uma pessoa aplicou certa quantia em ações. No primeiro mês, ela perdeu 30% do total do investimento e, no segundo mês, recuperou 20% do que havia perdido. Depois desses dois meses, resolveu tirar o montante de R$ 3 800,00 gerado pela aplicação.

A quantia inicial que essa pessoa aplicou em ações corresponde ao valor de:

a) R$ 4 222,22
b) R$ 4 523,80
c) R$ 5 000,00
d) R$ 13 300,00
e) R$ 17 100,00

C4.H17

55. Segundo a Agência Brasil, em artigo intitulado "Despesas de começo do ano levam muita gente a usar o crédito rotativo do cartão", publicado em 30 de março de 2013, muitos brasileiros acabaram se endividando no cartão de crédito apesar de outros tipos de empréstimo oferecerem taxas mais convidativas, conforme a tabela abaixo:

	Taxa (% ao mês)
Cartão de crédito	9,37%
Cheque especial	7,75%
Empréstimo pessoal	2,92%

OLIVEIRA, K. Despesas do começo do ano levam muita gente a usar o crédito rotativo do cartão. Disponível em: <http://agenciabrasil.ebc.com.br/noticia/2013-03-30/despesas-de-comeco-do-ano-levam-muita-gente-usar-credito-rotativo-do-cartao>. Acesso em: 23 nov. 2013.

Afonso tem uma dívida de R$ 1000,00 no cartão de crédito. Para quitá-la, ele resolveu contratar um empréstimo pessoal de R$ 600,00 e usar o cheque especial para o restante. Que valor aproximado ele economizará?

a) R$ 25,00
b) R$ 37,00
c) R$ 41,60
d) R$ 45,00
e) Ele não economizará, haverá um acréscimo de cerca de R$ 10,00.

C1.H2.

56. Em uma fábrica, a produção varia de acordo com os dados abaixo:

1º mês: 5 peças
2º mês: 12 peças
3º mês: 21 peças
4º mês: 32 peças

Seguindo esse mesmo padrão, qual será a produção no 10º mês?

a) 60   c) 96   e) 140
b) 77   d) 117

C1.H2

57. (Enem) Uma pessoa decidiu depositar moedas de 1, 5, 10, 25 e 50 centavos em um cofre durante certo tempo. Todo dia da semana ela depositava uma única moeda, sempre nesta ordem: 1, 5, 10, 25, 50, e, novamente, 1, 5, 10, 25, 50, assim sucessivamente.

Se a primeira moeda foi depositada em uma segunda-feira, então essa pessoa conseguiu a quantia exata de R$ 95,05 após depositar a moeda de:

a) 1 centavo no 679º dia, que caiu numa segunda-feira.
b) 5 centavos no dia 186º, que caiu numa quinta-feira.
c) 10 centavos no dia 188º, que caiu numa quinta-feira.
d) 25 centavos no dia 524º, que caiu num sábado.
e) 50 centavos no dia 535º, que caiu numa quinta-feira.

C2.H8

58. (Enem) A rampa de um hospital tem na sua parte mais elevada uma altura de 2,2 metros. Um paciente ao caminhar sobre a rampa percebe que se deslocou 3,2 metros e alcançou uma altura de 0,8 metro.

A distância em metros que o paciente ainda deve caminhar para atingir o ponto mais alto da rampa é:

a) 1,16 metros
b) 3,0 metros
c) 5,4 metros
d) 5,6 metros
e) 7,04 metros

C2.H8

59. (Enem) A fotografia mostra uma turista aparentemente beijando a esfinge de Gizé, no Egito.

A figura a seguir mostra como, na verdade, foram posicionadas a câmera fotográfica, a turista e a esfinge.

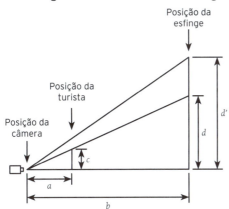

Medindo-se com uma régua diretamente na fotografia, verifica-se que a medida do queixo até o alto da cabeça da turista é igual a $\frac{2}{3}$ da medida do queixo da esfinge até o alto da sua cabeça. Considere que essas medidas na realidade são representadas por d e d', respectivamente, que a distância da esfinge à lente da câmera fotográfica, localizada no plano horizontal do queixo da turista e da esfinge, é representada por b, e que a distância da turista à mesma lente, por a.

A razão entre b e a será dada por:

a) $\frac{b}{a} = \frac{d'}{c}$

b) $\frac{b}{a} = \frac{2d}{3c}$

c) $\frac{b}{a} = \frac{3d'}{2c}$

d) $\frac{b}{a} = \frac{2d'}{3c}$

e) $\frac{b}{a} = \frac{2d'}{c}$

C2.H8

60. (Enem)

Um balão atmosférico, lançado em Bauru (343 quilômetros a Noroeste de São Paulo), na noite do último domingo, caiu nesta segunda-feira em Cuiabá Paulista, na região de Presidente Prudente, assustando agricultores da região. O artefato faz parte do programa Projeto Hibiscus, desenvolvido por Brasil, França, Argentina, Inglaterra e Itália, para a medição do comportamento da camada de ozônio, e sua descida se deu após o cumprimento do tempo previsto de medição.

Disponível em: <http://www.correiodobrasil.com.br>.
Acesso em: 2 maio 2010.

Na data do acontecido, duas pessoas avistaram o balão. Uma estava a 1,8 km da posição vertical do balão e o avistou sob um ângulo de 60°; a outra estava a 5,5 km da posição vertical do balão, alinhada com a primeira, e no mesmo sentido, conforme se vê na figura, e o avistou sob um ângulo de 30°.

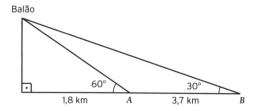

Qual a altura aproximada em que se encontrava o balão?

a) 1,8 km
b) 1,9 km
c) 3,1 km
d) 3,7 km
e) 5,5 km

C5.H21

61. (Enem) Um satélite de telecomunicações, t minutos após ter atingido sua órbita, está a r quilômetros de distância do centro da Terra. Quando r assume seus valores máximo e mínimo, diz-se que o satélite atingiu o apogeu e o perigeu, respectivamente. Suponha que, para esse satélite, o valor de r em função de t seja dado por

$$r(t) = \frac{5\,865}{1 + 0{,}15 \cdot \cos(0{,}06t)}$$

Um cientista monitora o movimento desse satélite para controlar o seu afastamento do centro da Terra. Para isso, ele precisa calcular a soma dos valores de r, no apogeu e no perigeu, representada por S.

O cientista deveria concluir que, periodicamente, S atinge o valor de:

a) 12 765 km
b) 12 000 km
c) 11 730 km
d) 10 965 km
e) 5 865 km

C2.H8

62. (Enem) O governo cedeu terrenos para que famílias construíssem suas residências com a condição de que no mínimo 94% da área do terreno fosse mantida como área de preservação ambiental. Ao receber o terreno retangular ABCD, em que $AB = \dfrac{BC}{2}$, Antônio demarcou uma área quadrada no vértice A, para a construção de sua residência, de acordo com o desenho, no qual $AE = \dfrac{AB}{5}$ é lado do quadrado.

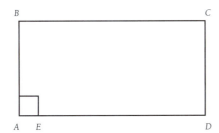

Nesse caso, a área definida por Antônio atingiria exatamente o limite determinado pela condição se ele:

a) duplicasse a medida do lado do quadrado.
b) triplicasse a medida do lado do quadrado.
c) triplicasse a área do quadrado.
d) ampliasse a medida do lado do quadrado em 4%.
e) ampliasse a área do quadrado em 4%.

C2.H8

63. (Enem) A vazão do rio Tietê, em São Paulo, constitui preocupação constante nos períodos chuvosos. Em alguns trechos, são construídas canaletas para controlar o fluxo de água. Uma dessas canaletas, cujo corte vertical determina a forma de um trapézio isósceles, tem as medidas especificadas na figura I. Neste caso, a vazão da água é de 1 050 m³/s. O cálculo da vazão, Q em m³/s, envolve o produto da área A do setor transversal (por onde passa a água), em m², pela velocidade da água no local, v, em m/s, ou seja, $Q = Av$.

Planeja-se uma reforma na canaleta, com as dimensões especificadas na figura II, para evitar a ocorrência de enchentes.

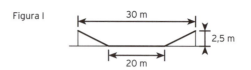

Figura I

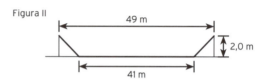

Figura II

Disponível em: <www2.uel.br>.

Na suposição de que a velocidade da água não se alterará, qual a vazão esperada para depois da reforma na canaleta?

a) 90 m³/s
b) 750 m³/s
c) 1 050 m³/s
d) 1 512 m³/s
e) 2 009 m³/s

C2.H8

64. (Enem) O quadro apresenta informações da área aproximada de cada bioma brasileiro.

Biomas continentais brasileiros	Área aproximada (km²)	Área/Total Brasil
Amazônia	4 196 943	49,29%
Cerrado	2 036 448	23,92%
Mata Atlântica	1 110 182	13,04%
Caatinga	844 453	9,92%
Pampa	176 496	2,07%
Pantanal	150 355	1,76%
Área total Brasil	8 514 877	

Disponível em: <www.ibge.gov.br>. Acesso em: 10 jul. 2009 (adaptado).

É comum em conversas informais, ou mesmo em noticiários, o uso de múltiplos da área de um campo de futebol (com as medidas de 120 m × 90 m) para auxiliar a visualização de áreas consideradas extensas.

Nesse caso, qual é o número de campos de futebol correspondente à área aproximada do bioma Pantanal?

a) 1 400
b) 14 000
c) 140 000
d) 1 400 000
e) 14 000 000

C5.H19

65. (Enem) Dois holofotes iguais, situados em H_1 e H_2, respectivamente, iluminam regiões circulares, ambas de raio R. Essas regiões se sobrepõem e determinam uma região S de maior intensidade luminosa, conforme figura.

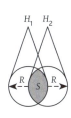

Área do setor circular $A_{sc} = \dfrac{\alpha R^2}{2}$, α em radianos.

A área da região S, em unidades de área, é igual a:

a) $\dfrac{2\pi R^2}{3} - \dfrac{\sqrt{3}R^2}{2}$

b) $\dfrac{(2\pi - 3\sqrt{3})R^2}{12}$

c) $\dfrac{\pi R^2}{12} - \dfrac{R^2}{8}$

d) $\dfrac{\pi R^2}{2}$

e) $\dfrac{\pi R^2}{3}$

C2.H8

66. (Enem) Em canteiros de obras de construção civil é comum perceber trabalhadores realizando medidas de comprimento e de ângulos e fazendo demarcações por onde a obra deve começar ou se erguer. Em um desses canteiros foram feitas algumas marcas no chão plano. Foi possível perceber que, das seis estacas colocadas, três eram vértices de um triângulo retângulo e as outras três eram os pontos médios dos lados desse triângulo, conforme pode ser visto na figura, em que as estacas foram indicadas por letras.

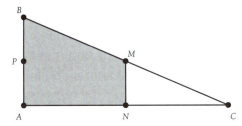

A região demarcada pelas estacas A, B, M e N deveria ser calçada com concreto.

Nessas condições, a área a ser calçada corresponde:

a) à mesma área do triângulo AMC.

b) à mesma área do triângulo BNC.

c) à metade da área formada pelo triângulo ABC.

d) ao dobro da área do triângulo MNC.

e) ao triplo da área do triângulo MNC.

C3.H12

67. (Enem) A siderúrgica "Metal Nobre" produz diversos objetos maciços utilizando o ferro. Um tipo especial de peça feita nessa companhia tem o formato de um paralelepípedo retangular, de acordo com as dimensões indicadas na figura que segue.

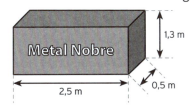

O produto das três dimensões indicadas na peça resultaria na medida da grandeza:

a) massa.
b) volume.
c) superfície.
d) capacidade.
e) comprimento.

C2.H8

68. (Enem) Considere um caminhão que tenha uma carroceria na forma de um paralelepípedo retângulo, cujas dimensões internas são 5,1 m de comprimento, 2,1 m de largura e 2,1 m de altura. Suponha que esse caminhão foi contratado para transportar 240 caixas na forma de cubo com 1 m de aresta cada uma e que essas caixas podem ser empilhadas para o transporte.

Qual é o número mínimo de viagens necessárias para realizar esse transporte?

a) 10 viagens
b) 11 viagens
c) 12 viagens
d) 24 viagens
e) 27 viagens

C2.H9

69. (Enem) Uma empresa vende tanques de combustíveis de formato cilíndrico, em três tamanhos, com medidas indicadas nas figuras. O preço do tanque é diretamente proporcional à medida da área da superfície lateral do tanque.

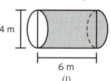
(I)

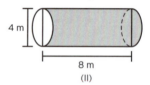
(II)

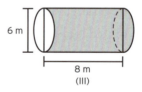
(III)

O dono de um posto de combustível deseja encomendar um tanque com menor custo por metro cúbico de capacidade de armazenamento. Qual dos tanques deverá ser escolhido pelo dono do posto? (considere $\pi \cong 3$)

a) I, pela relação área/capacidade de armazenamento de $\frac{1}{3}$.

b) I, pela relação área/capacidade de armazenamento de $\frac{4}{3}$.

c) II, pela relação área/capacidade de armazenamento de $\frac{3}{4}$.

d) III, pela relação área/capacidade de armazenamento de $\frac{2}{3}$.

e) III, pela relação área/capacidade de armazenamento de $\frac{7}{12}$.

C2.H8

70. (Enem)

É possível usar água ou comida para atrair as aves e observá-las. Muitas pessoas costumam usar água com açúcar, por exemplo, para atrair beija-flores. Mas é importante saber que, na hora de fazer a mistura, você deve sempre usar uma parte de açúcar para cinco partes de água. Além disso, em dias quentes, precisa trocar a água de duas a três vezes, pois com o calor ela pode fermentar e, se for ingerida pela ave, pode deixá-la doente. O excesso de açúcar, ao cristalizar, também pode manter o bico da ave fechado, impedindo-a de se alimentar. Isso pode até matá-la.

Ciência Hoje das Crianças. FNDE: Instituto Ciência Hoje, ano 19, n. 166, mar. 1996.

Pretende-se encher completamente um copo com a mistura para atrair beija-flores. O copo tem formato cilíndrico, e suas medidas são 10 cm de altura e 4 cm de diâmetro. A quantidade de água que deve ser utilizada na mistura é cerca de (utilize $\pi = 3$):

a) 20 mL   c) 100 mL   e) 600 mL
b) 24 mL   d) 120 mL

C3.H14

71. (Enem) Dona Maria, diarista na casa da família Teixeira, precisa fazer café para servir as vinte pessoas que se encontram numa reunião na sala. Para fazer o café, Dona Maria dispõe de uma leiteira cilíndrica e copinhos plásticos, também cilíndricos.

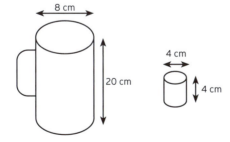

Com o objetivo de não desperdiçar café, a diarista deseja colocar a quantidade mínima de água na leiteira para encher os vinte copinhos pela metade. Para que isso ocorra, Dona Maria deverá:

a) encher a leiteira até a metade, pois ela tem um volume 20 vezes maior que o volume do copo.

b) encher a leiteira toda de água, pois ela tem um volume 20 vezes maior que o volume do copo.

c) encher a leiteira toda de água, pois ela tem um volume 10 vezes maior que o volume do copo.

d) encher duas leiteiras de água, pois ela tem um volume 10 vezes maior que o volume do copo.

e) encher cinco leiteiras de água, pois ela tem um volume 10 vezes maior que o volume do copo.

C2.H8

72. (Enem) Para construir uma manilha de esgoto, um cilindro com 2 m de diâmetro e 4 m de altura (de espessura desprezível), foi envolvido homogeneamente por uma camada de concreto, contendo 20 cm de espessura.

Supondo que cada metro cúbico de concreto custe R$ 10,00 e tomando 3,1 como valor aproximado de π, então o preço dessa manilha é igual a:

a) R$ 230,40   c) R$ 104,16   e) R$ 49,60
b) R$ 124,00   d) R$ 54,56

C2.H9

73. (Enem) Um artesão construiu peças de artesanato interceptando uma pirâmide de base quadrada com um plano. Após fazer um estudo das diferentes peças que poderia obter, ele concluiu que uma delas poderia ter uma das faces pentagonal.

Qual dos argumentos a seguir justifica a conclusão do artesão?

a) Uma pirâmide de base quadrada tem 4 arestas laterais e a interseção de um plano com a pirâmide intercepta suas arestas laterais. Assim, esses pontos formam um polígono de 4 lados.

b) Uma pirâmide de base quadrada tem 4 faces triangulares e, quando um plano intercepta essa pirâmide, divide cada face em um triângulo e um trapézio. Logo, um dos polígonos tem 4 lados.

c) Uma pirâmide de base quadrada tem 5 faces e a interseção de uma face com um plano é um segmento de reta. Assim, se o plano interceptar todas as faces, o polígono obtido nessa interseção tem 5 lados.

d) O número de lados de qualquer polígono obtido como interseção de uma pirâmide com um plano é igual ao número de faces da pirâmide. Como a pirâmide tem 5 faces, o polígono tem 5 lados.

e) O número de lados de qualquer polígono obtido interceptando-se uma pirâmide por um plano é igual ao número de arestas laterais da pirâmide. Como a pirâmide tem 4 arestas laterais, o polígono tem 4 lados.

C2.H7

74. (Enem) Uma indústria fabrica brindes promocionais em forma de pirâmide. A pirâmide é obtida a partir de quatro cortes em um sólido que tem a forma de um cubo. No esquema, estão indicados o sólido original (cubo) e a pirâmide obtida a partir dele.

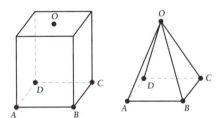

Os pontos A, B, C, D e O do cubo e da pirâmide são os mesmos. O ponto O é central na face superior do cubo. Os quatro cortes saem de O em direção às arestas $\overline{AD}$, $\overline{BC}$, $\overline{AB}$ e $\overline{CD}$, nessa ordem. Após os cortes, são descartados quatro sólidos.

Os formatos dos sólidos descartados são:

a) todos iguais.

b) todos diferentes.

c) três iguais e um diferente.

d) apenas dois iguais.

e) iguais dois a dois.

C2.H7

75. (Enem) Alguns testes de preferência por bebedouros de água foram realizados com bovinos, envolvendo três tipos de bebedouros, de formatos e tamanhos diferentes. Os bebedouros 1 e 2 têm a forma de um tronco de cone circular reto, de altura igual a 60 cm, e diâmetro da base superior igual a 120 cm e 60 cm, respectivamente. O bebedouro 3 é um semicilindro, com 30 cm de altura, 100 cm de comprimento e 60 cm de largura. Os três recipientes estão ilustrados na figura.

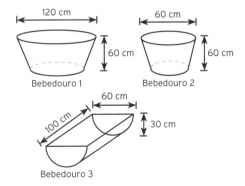

A escolha do bebedouro. In: *Biotemas*. v. 22, n. 4, 2009 (adaptado).

Considerando que nenhum dos recipientes tenha tampa, qual das figuras a seguir representa uma planificação para o bebedouro 3?

a)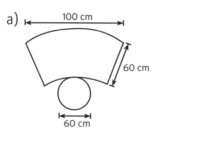

d)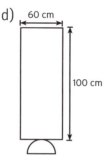

b)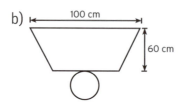

e)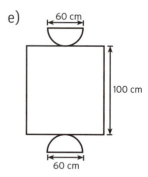

c)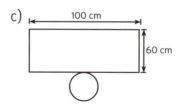

C2.H8

76. (Enem) Um vasilhame na forma de um cilindro circular reto de raio da base de 5 cm e altura de 30 cm está parcialmente ocupado por 625π cm³ de álcool. Suponha que sobre o vasilhame seja fixado um funil na forma de um cone circular reto de raio da base de 5 cm e altura de 6 cm, conforme ilustra a figura 1. O conjunto, como mostra a figura 2, é virado para baixo, sendo *H* a distância da superfície do álcool até o fundo do vasilhame.

Volume do cone: $V_{cone} = \dfrac{\pi r^2 h}{3}$

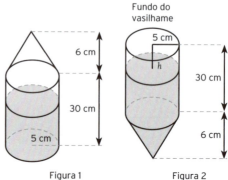

Figura 1   Figura 2

54

Considerando-se essas informações, qual é o valor da distância H?

a) 5 cm c) 8 cm e) 18 cm
b) 7 cm d) 12 cm

C2.H7

77. (Enem) A figura seguinte mostra um modelo de sombrinha muito usado em países orientais.

Disponível em: <http://mdmat.psico.ufrgs.br.>. Acesso em: 1º maio 2010.

Esta figura é uma representação de uma superfície de revolução chamada de:

a) pirâmide d) tronco de cone
b) semiesfera e) cone
c) cilindro

C2.H8

78. (Enem) Uma empresa que fabrica esferas de aço, de 6 cm de raio, utiliza caixas de madeira, na forma de um cubo, para transportá-las. Sabendo que a capacidade da caixa é de 13 824 cm³, então o número máximo de esferas que podem ser transportadas em uma caixa é igual a:

a) 4 c) 16 e) 32
b) 8 d) 24

C2.H8

79. (Enem) Um artista plástico construiu, com certa quantidade de massa modeladora, um cilindro circular reto cujo diâmetro da base mede 24 cm e cuja altura mede 15 cm. Antes que a massa secasse, ele resolveu transformar aquele cilindro em uma esfera.

Volume da esfera: $V_{esfera} = \dfrac{4\pi r^3}{3}$

Analisando as características das figuras geométricas envolvidas, conclui-se que o raio R da esfera assim construída é igual a:

a) 15 c) 24 e) $6\sqrt[3]{60}$
b) 12 d) $3\sqrt[3]{60}$

C2.H8

80. (Enem) Em um casamento, os donos da festa serviam champanhe aos seus convidados em taças com formato de um hemisfério (figura 1), porém um acidente na cozinha culminou na quebra de grande parte desses recipientes. Para substituir as taças quebradas, utilizou-se um outro tipo com formato de cone (figura 2). No entanto, os noivos solicitaram que o volume de champanhe nos dois tipos de taças fosse igual.

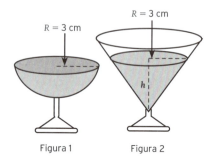

Figura 1   Figura 2

Considere: $V_{esfera} = \frac{4}{3}\pi R^3$ e $V_{cone} = \frac{1}{3}\pi R^2 h$

Sabendo que a taça com o formato de hemisfério é servida completamente cheia, a altura do volume de champanhe que deve ser colocado na outra taça, em centímetros, é de:

a) 1,33
b) 6,00
c) 12,00
d) 56,52
e) 113,04

C2.H7

81. Um publicitário criou como logomarca de uma empresa o cubo abaixo. Sabendo que o plano de secção mostrado na figura é um eixo de simetria do cubo, ou seja, a reta que divide a figura em duas partes congruentes, semelhante a um espelho, qual a única figura que NÃO pode ser encontrada na secção mostrada?

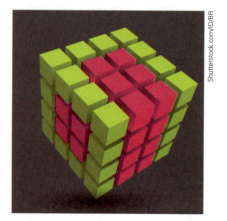

a)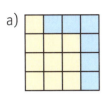
c)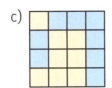
e)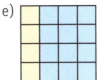
b)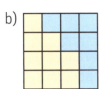
d)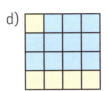

C2.H7

82. Uma empresa fez um levantamento dos salários de seus funcionários, obtendo a seguinte tabela:

Salário	Frequência
R$ 700,00	4
R$ 850,00	8
R$ 1 000,00	5
R$ 1 500,00	2
R$ 3 000,00	1

Sobre os valores de média, moda e mediana desse levantamento, podemos concluir que:

a) a média salarial é R$ 1 000,00.
b) a moda e a mediana são iguais.
c) a média e a mediana são iguais.
d) a média e a moda são iguais.
e) os valores da média, moda e mediana são todos diferentes.

C7.H27

83. (Enem) Na tabela, são apresentados dados da cotação mensal do ovo extra branco vendido no atacado, em Brasília, em reais, por caixa de 30 dúzias de ovos, em alguns meses dos anos 2007 e 2008.

Mês	Cotação	Ano
Outubro	R$ 83,00	2007
Novembro	R$ 73,10	2007
Dezembro	R$ 81,60	2007
Janeiro	R$ 82,00	2008
Fevereiro	R$ 85,30	2008
Março	R$ 84,00	2008
Abril	R$ 84,60	2008

De acordo com esses dados, o valor da mediana das cotações mensais do ovo extra branco nesse período era igual a:

a) R$ 73,10   c) R$ 82,00   e) R$ 85,30
b) R$ 81,50   d) R$ 83,00

C7.H27

84. (Enem) Cinco equipes A, B, C, D e E disputaram uma prova de gincana na qual as pontuações recebidas podiam ser 0, 1, 2 ou 3. A média das cinco equipes foi de 2 pontos.

As notas das equipes foram colocadas no gráfico a seguir, entretanto esqueceram de representar as notas da equipe D e da equipe E.

Mesmo sem aparecerem as notas das equipes D e E, pode-se concluir que os valores da moda e da mediana são, respectivamente:

a) 1,5 e 1,0   c) 2,0 e 2,0   e) 3,0 e 2,0
b) 2,0 e 1,5   d) 2,0 e 3,0

C7.H27

85. (Enem) O gráfico apresenta a quantidade de gols marcados pelos artilheiros das Copas do Mundo desde a Copa de 1930 até a de 2006.

Disponível em: <http://www.suapesquisa.com>. Acesso em: 23 abr. 2010 (adaptado).

A partir dos dados apresentados, qual a mediana das quantidades de gols marcados pelos artilheiros das Copas do Mundo?

a) 6 gols   c) 7 gols   e) 8,5 gols
b) 6,5 gols   d) 7,3 gols

C7.H29

86. (Enem) Suponha que a etapa final de uma gincana escolar consista em um desafio de conhecimentos. Cada equipe escolheria 10 alunos para realizar uma prova objetiva, e a pontuação da equipe seria dada pela mediana das notas obtidas pelos alunos. As provas valiam, no máximo, 10 pontos cada. Ao final, a vencedora foi a equipe Ômega, com 7,8 pontos, seguida pela equipe Delta, com 7,6 pontos. Um dos alunos da equipe Gama, a qual ficou na terceira e última colocação, não pôde comparecer, tendo recebido nota zero na prova. As notas obtidas pelos 10 alunos da equipe Gama foram 10; 6,5; 8; 10; 7; 6,5; 7; 8; 6; 0.

Se o aluno da equipe Gama que faltou tivesse comparecido, essa equipe:

a) teria a pontuação igual a 6,5 se ele obtivesse nota 0.

b) seria a vencedora se ele obtivesse nota 10.

c) seria a segunda colocada se ele obtivesse nota 8.

d) permaneceria na terceira posição, independentemente da nota obtida pelo aluno.

e) empataria com a equipe Ômega na primeira colocação se o aluno obtivesse nota 9.

C7.H28

87. Apesar de hoje as máquinas de escrever, como a da foto abaixo, quase não serem mais usadas, há algumas décadas, havia profissionais especialmente dedicados ao seu uso: os datilógrafos. Apertando suas teclas, eram acionadas hastes com as letras que tocavam na fita de tinta e imediatamente imprimiam o papel. Para que as hastes não encavalassem, as teclas foram distribuídas de modo que as letras mais utilizadas (no teclado americano) não ficassem muito próximas, dando origem ao teclado que até hoje é utilizado nos computadores, chamado QWERTY, pois são as seis primeiras letras que aparecem nele.

Quantas palavras podem ser formadas usando essas seis letras, sem repetição?

a) 360

b) 720

c) 4 320

d) 25 920

C1.H2

88. (Enem) João mora na cidade *A* e precisa visitar cinco clientes, localizados em cidades diferentes da sua. Cada trajeto possível pode ser representado por uma sequência de 7 letras. Por exemplo, o trajeto *ABCDEFA* informa que ele sairá da cidade *A*, visitando as cidades *B*, *C*, *D*, *E* e *F* nesta ordem, voltando para a cidade *A*. Além disso, o número indicado entre as letras informa o custo do deslocamento entre as cidades. A figura mostra o custo de deslocamento entre cada uma das cidades.

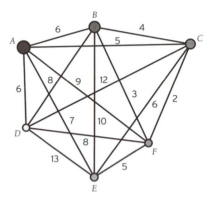

Como João quer economizar, ele precisa determinar qual o trajeto de menor custo para visitar os cinco clientes. Examinando a figura, percebe que precisa considerar somente parte das sequências, pois os trajetos *ABCDEFA* e *AFEDCBA* têm o mesmo custo. Ele gasta 1 min 30 s para examinar uma sequência e descartar sua simétrica, conforme apresentado.

O tempo mínimo necessário para João verificar todas as sequências possíveis no problema é de:

a) 60 min c) 120 min e) 360 min
b) 90 min d) 180 min

C1.H2

89. Uma empresa multinacional selecionou 16 jovens para participar de uma dinâmica de grupo para contratar estagiários. Sabendo que neste grupo há 10 homens e 6 mulheres, de quantas maneiras esses jovens podem ser organizados em grupos de 8 pessoas, respeitando a proporção entre os gêneros do grupo inicial?

a) 20

b) 250

c) 272

d) 5 040

e) 3 628 800

C1.H2

90. (Enem) O setor de recursos humanos de uma empresa vai realizar uma entrevista com 120 candidatos a uma vaga de contador. Por sorteio, eles pretendem atribuir a cada candidato um número, colocar a lista de números em ordem numérica crescente e usá-la para convocar os interessados. Acontece que, por um defeito do computador, foram gerados números com 5 algarismos distintos e, em nenhum deles, apareceram dígitos pares.

Em razão disso, a ordem de chamada do candidato que tiver recebido o número 75 913 é:

a) 24
b) 31
c) 32
d) 88
e) 89

C7.H29

91. (Enem) A figura I abaixo mostra um esquema das principais vias que interligam a cidade A com a cidade B. Cada número indicado na figura II representa a probabilidade de pegar um engarrafamento quando se passa na via indicada. Assim, há uma probabilidade de 30% de se pegar engarrafamento no deslocamento do ponto C ao ponto B, passando pela estrada E4, e de 50%, quando se passa por E3. Essas probabilidades são independentes umas das outras.

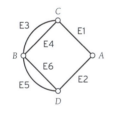
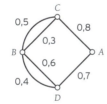

Figura I   Figura II

Paula deseja se deslocar da cidade A para a cidade B usando exatamente duas das vias indicadas, percorrendo um trajeto com a menor probabilidade de engarrafamento possível. O melhor trajeto para Paula é:

a) E1E3
b) E1E4
c) E2E4
d) E2E5
e) E2E6

C7.H29

92. (Enem) Em um jogo disputado em uma mesa de sinuca, há 16 bolas: 1 branca e 15 coloridas, as quais, de acordo com a coloração, valem de 1 a 15 pontos (um valor para cada bola colorida).

O jogador acerta o taco na bola branca de forma que esta acerte as outras, com o objetivo de acertar duas das quinze bolas em quaisquer caçapas. Os valores dessas duas bolas são somados e devem resultar em um valor escolhido pelo jogador antes do início da jogada.

Arthur, Bernardo e Caio escolhem os números 12, 17 e 22 como sendo resultados de suas respectivas somas. Com essa escolha, quem tem a maior probabilidade de ganhar o jogo é:

a) Arthur, pois a soma que escolheu é a menor.

b) Bernardo, pois há 7 possibilidades de compor a soma escolhida por ele, contra 4 possibilidades para a escolha de Arthur e 4 possibilidades para a escolha de Caio.

c) Bernardo, pois há 7 possibilidades de compor a soma escolhida por ele, contra 5 possibilidades para a escolha de Arthur e 4 possibilidades para a escolha de Caio.

d) Caio, pois há 10 possibilidades de compor a soma escolhida por ele, contra 5 possibilidades para a escolha de Arthur e 8 possibilidades para a escolha de Bernardo.

e) Caio, pois a soma que escolheu é a maior.

C7.H28

93. (Enem) Rafael mora no centro de uma cidade e decidiu se mudar, por recomendações médicas, para uma das regiões: rural, comercial, residencial urbano ou residencial suburbano. A principal recomendação médica foi com as temperaturas das "ilhas de calor" da região, que deveriam ser inferiores a 31 °C. Tais temperaturas são apresentadas no gráfico.

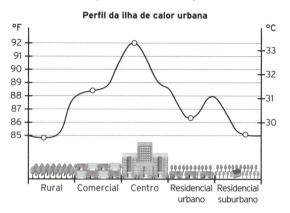

Escolhendo, aleatoriamente, uma das outras regiões para morar, a probabilidade de ele escolher uma região que seja adequada às recomendações médicas é:

a) $\frac{1}{5}$

b) $\frac{1}{4}$

c) $\frac{2}{5}$

d) $\frac{3}{5}$

e) $\frac{3}{4}$

C7.H28

94. (Enem)

Dados do Instituto de Pesquisas Econômicas Aplicadas (IPEA) revelaram que no biênio 2004/2005, nas rodovias federais, os atropelamentos com morte ocuparam o segundo lugar no *ranking* de mortalidade por acidente. A cada 34 atropelamentos, ocorreram 10 mortes. Cerca de 4 mil atropelamentos/ano, um a cada duas horas, aproximadamente.

Disponível em: <http://www.ipea.gov.br>. Acesso em: 6 jan. 2009.

De acordo com os dados, se for escolhido aleatoriamente para investigação mais detalhada um dos atropelamentos ocorridos no biênio 2004/2005, a probabilidade de ter sido um atropelamento sem morte é:

a) $\frac{2}{17}$

b) $\frac{5}{17}$

c) $\frac{2}{5}$

d) $\frac{3}{5}$

e) $\frac{12}{17}$

C7.H28

95. (Enem) O diretor de um colégio leu numa revista que os pés das mulheres estavam aumentando. Há alguns anos, a média do tamanho dos calçados das mulheres era de 35,5 e hoje é de 37,0. Embora não fosse uma informação científica, ele ficou curioso e fez uma pesquisa com as funcionárias do seu colégio, obtendo o quadro a seguir:

Tamanho dos calçados	Número de funcionárias
39,0	1
38,0	10
37,0	3
36,0	5
35,0	6

Escolhendo uma funcionária ao acaso e sabendo que ela tem calçado maior que 36,0, a probabilidade de ela calçar 38,0 é:

a) $\frac{1}{3}$

b) $\frac{1}{5}$

c) $\frac{2}{5}$

d) $\frac{5}{7}$

e) $\frac{5}{14}$

C7.H30

96. (Enem)

A população brasileira sabe, pelo menos intuitivamente, que a probabilidade de acertar as seis dezenas da mega-sena não é zero, mas é quase. Mesmo assim, milhões de pessoas são atraídas por essa loteria, especialmente quando o prêmio se acumula em valores altos. Até junho de 2009, cada aposta de seis dezenas, pertencentes ao conjunto {01, 02, 03, ..., 59, 60}, custava R$ 1,50.

Disponível em: <www.caixa.gov.br>. Acesso em: 7 jul. 2009.

Considere que uma pessoa decida apostar exatamente R$ 126,00 e que esteja mais interessada em acertar apenas cinco das seis dezenas da mega-sena, justamente pela dificuldade desta última. Nesse caso, é melhor que essa pessoa faça 84 apostas de seis dezenas diferentes, que não tenham cinco números em comum, do que uma única aposta com nove dezenas, porque a probabilidade de acertar a quina no segundo caso em relação ao primeiro é, aproximadamente:

a) $1\frac{1}{2}$ vez menor

b) $2\frac{1}{2}$ vezes menor

c) 4 vezes menor

d) 9 vezes menor

e) 14 vezes menor

C7.H28

97. (Enem) O controle de qualidade de uma empresa fabricante de telefones celulares aponta que a probabilidade de um aparelho de determinado modelo apresentar defeito de fabricação é de 0,2%. Se uma loja acaba de vender 4 aparelhos desse modelo para um cliente, qual é a probabilidade de esse cliente sair da loja com exatamente dois aparelhos defeituosos?

a) $2 \cdot (0,2\%)^4$

b) $4 \cdot (0,2\%)^2$

c) $6 \cdot (0,2\%)^2 \cdot (99,8\%)^2$

d) $4 \cdot (0,2\%)$

e) $6 \cdot (0,2\%) \cdot (99,8\%)$

C7.H28

98. (Enem) Um grupo de pacientes com hepatite C foi submetido a um tratamento tradicional em que 40% desses pacientes foram completamente curados. Os pacientes que não obtiveram cura foram distribuídos em dois grupos de mesma quantidade e submetidos a dois tratamentos inovadores. No primeiro tratamento inovador, 35% dos pacientes foram curados e, no segundo, 45%.

Em relação aos pacientes submetidos inicialmente, os tratamentos inovadores proporcionaram cura de:

a) 16%   b) 24%   c) 32%   d) 48%   e) 64%

C7.H30

99. (Enem) Um casal decidiu que vai ter 3 filhos. Contudo, quer exatamente 2 filhos homens e decide que, se a probabilidade fosse inferior a 50%, iria procurar uma clínica para fazer um tratamento específico para garantir que teria os dois filhos homens.

Após os cálculos, o casal concluiu que a probabilidade de ter exatamente 2 filhos homens é:

a) 66,7%, assim ele não precisará fazer um tratamento.

b) 50%, assim ele não precisará fazer um tratamento.

c) 7,5%, assim ele não precisará fazer um tratamento.

d) 25%, assim ele precisará procurar uma clínica para fazer um tratamento.

e) 37,5%, assim ele precisará procurar uma clínica para fazer um tratamento.

C3.H14

100. (Enem) Um bairro de uma cidade foi planejado em uma região plana, com ruas paralelas e perpendiculares, delimitando quadras de mesmo tamanho. No plano de coordenadas cartesianas seguinte, esse bairro localiza-se no segundo quadrante, e as distâncias nos eixos são dadas em quilômetros.

A reta de equação $y = x + 4$ representa o planejamento do percurso da linha do metrô subterrâneo que atravessará o bairro e outras regiões da cidade. No ponto $P = (-5, 5)$, localiza-se um hospital público. A comunidade solicitou ao comitê de planejamento que fosse prevista uma estação do

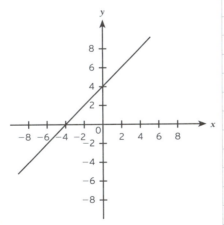

metrô de modo que sua distância ao hospital, medida em linha reta, não fosse maior que 5 km.

Atendendo ao pedido da comunidade, o comitê argumentou corretamente que isso seria automaticamente satisfeito, pois já estava prevista a construção de uma estação no ponto:

a) $(-5, 0)$ c) $(-2, 1)$ e) $(2, 6)$

b) $(-3, 1)$ d) $(0, 4)$

Gabarito

1. d	26. e	51. d	76. b
2. d	27. a	52. b	77. e
3. a	28. c	53. a	78. b
4. d	29. c	54. c	79. d
5. e	30. a	55. d	80. b
6. b	31. d	56. e	81. d
7. d	32. e	57. d	82. b
8. b	33. e	58. d	83. d
9. d	34. b	59. d	84. c
10. e	35. b	60. c	85. b
11. b	36. c	61. b	86. d
12. e	37. e	62. c	87. b
13. d	38. c	63. d	88. b
14. b	39. c	64. e	89. d
15. b	40. e	65. a	90. e
16. b	41. a	66. e	91. d
17. e	42. b	67. b	92. c
18. b	43. d	68. c	93. e
19. d	44. d	69. d	94. e
20. e	45. e	70. c	95. d
21. d	46. cw	71. a	96. c
22. b	47. d	72. d	97. c
23. e	48. b	73. c	98. b
24. d	49. d	74. e	99. e
25. a	50. d	75. e	100. b